LES TRAPPISTINES DE BLAGNAC.

PROPRIÉTÉ DE L'AUTEUR.

… LES

TRAPPISTINES

DE BLAGNAC,

ou

LA FEMME A LA TRAPPE

PAR UN PRÊTRE.

TOULOUSE,
Imprimerie Troyes Ouvriers réunis,
Rue Saint-Pantaléon, 3.
—
1856.

APPROBATION ABBATIALE.

Le livre que nous publions a été soumis au jugement du R. Père Abbé d'Aiguebelle qui l'a reconnu vrai dans tous ses détails, « ce qui ne serait pas un petit mérite, disait-il, à en juger par les erreurs où sont tombés ceux qui ont essayé d'écrire la vie intime de la Trappe »; et sa lettre, trop élogieuse pour l'auteur, fût demeurée inédite sans une circonstance qui en a rendu la publication nécessaire. Il est important de montrer au lecteur le visa officiel qui garantit l'exactitude du récit, et c'est à ce dernier titre seulement que nous l'imprimons ici : elle sera comme le sceau de l'Ordre apposé sur notre ouvrage :

« Monsieur l'Abbé,

» J'ai lu avec le plus vif intérêt les feuilles de votre
» ouvrage, que m'a fait parvenir la R. M. Clémence.
» Je vous remercie pour nos Sœurs de ce que vous

» consacrez votre talent et votre temps à un travail
» qui leur sera utile et qui ne peut manquer d'édifier
» et d'intéresser.

» Mon approbation est bien peu de chose, mais je
» vous la donne de grand cœur. Vous réalisez aujour-
» d'hui les espérances que vous donniez autrefois, à
» une époque déjà éloignée, mais dont j'ai conservé
» un précieux souvenir jusque dans ma solitude. . .
. . . .

» Je suis, avec la plus sincère affection et la plus
parfaite estime,

» Monsieur l'Abbé et très-cher ami,

» Votre tout dévoué serviteur,

» † Marie-Gabriel, **Abbé d'Aiguebelle.** »

N.-D. d'Aiguebelle, 10 mai 1856.

DÉDICACE

AUX DAMES DE TOULOUSE.

Mesdames,

La Trappe est le plus populaire des Ordres religieux, celui dont le nom est le plus connu, celui qui attire le plus de visiteurs dans ses monastères et celui sur lequel on a le plus écrit, soit en faisant son histoire générale ou en racontant la biographie de ses fondateurs et de ses abbés, soit en crayonnant sur vélin la topographie de ses prieurés ou en peignant sur toile le tableau de ses abbayes ; mais l'Ordre, je crois, n'a jamais été présenté au public sous le nouveau jour que cette brochure lui donne : on connaît les

Trappistes, mais on ne connaît point les Trappistines.

Cependant on a beaucoup écrit sur la femme depuis quelques années ; les écrivains modernes ont largement exploité ce sujet fécond, qui a donné déjà quelques volumes à l'histoire, plusieurs romans à la littérature, de riches épisodes à l'éloquence et de saintes pages à la religion. La matière, loin d'être épuisée, a de quoi user plusieurs plumes encore ; d'autres livres paraîtront sans doute, et l'imprimerie, au moment où je parle, en a peut-être quelqu'un sous presse. Pour moi qui ai vu les femmes de la Trappe, j'ai jugé, en les comparant à celles dont nos écrivains ont parlé, qu'elles étaient supérieures aux unes, sans être inférieures aux autres, et j'ai cru utile de mettre sous les yeux du public le tableau de leur héroïsme.

Vous désiriez depuis longtemps, Mesdames, leur établissement près de Toulouse ; vous avez bien accueilli leur arrivée, et plus d'une fois déjà vous avez visité leur monastère, regrettant peut-être de ne pouvoir franchir, pour un moment, ces murs silencieux qui abritent les ineffables secrets dont parlait saint Paul. Je crois répondre à vos désirs en ouvrant devant vous ces portes, que vos filles ou vos sœurs ont courageusement fermées sur elles-mêmes, pour vous faire voir, à travers les grilles du cloître, les mystères de la mortification chrétienne. Je vais donc, tout en ménageant leur modestie, soulever le voile qui les couvre et vous montrer une belle figure de religieuse, la physionomie céleste de nos sœurs Trappistines.

L'intérêt que vous leur avez toujours témoigné me fesait un devoir de vous dédier mon livre ; il vous était dû ; je vous l'offre, Mesdames, en appelant sur lui votre attention. Veuillez l'ouvrir et vous verrez, à la gloire de votre sexe, que la Trappe a ses héroïnes, comme elle a ses héros, dont plusieurs sont sortis de vos rangs pour former une troupe d'élite dans la milice chrétienne.

†

PRÉFACE.

LE MONACHISME CHRÉTIEN.

APERÇU HISTORIQUE.

Dans un siècle où la Philosophie s'unit à la Révolution, sous le nom de Socialisme, pour détruire, car il faut, dit-on, déblayer le terrain, avant d'organiser la société sur les bases neuves qui doivent en faire une association où tout sera attrayant, une seule famille, une grande communauté, je crois qu'il ne sera pas hors de propos de placer ici, comme préambule, une étude sur le monachisme chrétien, pour montrer, en opposant la réalité à l'utopie, que la Religion est en avant, de plusieurs siècles, sur la Philosophie, et que Fourier n'a fait que voler sa défroque à saint Benoît pour le singer maladroitement.

Le moine est l'homme social tel qu'il voudrait le faire, sans capital, sans propriété, sans famille, mais non point sans religion, vivant en communauté, partageant toutes choses, ne connaissant ni le *tien* ni le *mien*, le frère par excellence, le vrai socialiste, sans le comparer néanmoins à ces hommes malfaisants, qui blasphèment au lieu de prier, qui prendraient à autrui plutôt que de se dépouiller ; car pour eux Dieu c'est le mal, la propriété c'est le vol, comme ils l'ont dit dans leur socialisme anti-social.

L'histoire nous montre la vie monastique antérieure à Jésus-Christ chez les Esséniens et surtout chez les Thérapeutes, qui fuyaient le monde, pour s'adonner à la vie contemplative, dans des cellules appelées *semnies* où Philon les a vus, en allant visiter l'un de leurs monastères, situé près du lac *Maréotis*, jeûner, prier et se mortifier, vivant de pain, d'hysope, de sel et d'eau. Les prophètes, ajoute l'abbé Fleury, étaient aussi en communauté, séparés du monde, distingués par leur habit et leur manière de vivre, demeurant sur les montagnes, comme Elie et Elisée sur le mont Carmel, en Galgala. Ils faisaient des vœux, priaient Dieu plusieurs fois le jour et la nuit, travaillaient des mains, vivaient frugalement d'orge et d'herbes amères et portaient le sac, le cilice et la ceinture de cuir, devançant par ces mortifications les anachorètes de la Thébaïde. Mais le même esprit les anima tous ; l'esprit de pénitence qui soutenait Jean-Baptiste au désert et le conduisait, vêtu de poil de chameau, le long du Jourdain, avant Jésus-Christ, rendit, après, Paul ermite, Antoine solitaire et Pacôme cénobite : il ne faut voir là que les deux versants du Calvaire, les deux faces de la même croix.

Quand l'expiation commencée dans l'Eden fut consommée au Golgotha, l'homme régénéré en Jésus-Christ dans son esprit, dans son cœur et dans sa chair, se ressentant des influences vivifiantes de l'Incarnation, plus ferme dans sa foi, plus fort par la grâce, n'hésita point à pratiquer la religion du Crucifié et à graver sur son corps, par la mortification, les stigmates du Christ. Le Verbe prenant chair, Dieu se faisant homme, s'incorporant à l'humanité déchue pour la relever jusqu'à lui, participant à nos faiblesses pour nous communiquer sa force, mourant pour ressusciter, finissant un monde pour en recommencer un autre, renouvelant tout, la religion, l'homme et la société, l'Incarnation, en un mot, est devenue une date mémorable, l'ère d'où part la chronologie pour compter les années de la société moderne, proprement appelée l'ère vulgaire ; car elle est bien autrement significative que l'ère des Séleucides, l'époque Julienne, l'Olympiade ou l'Hégire. Il ne s'agit pas ici des victoires de Séleucus, de la réforme du calendrier par Jules César, des jeux olympiques, ou de la fuite de Mahomet, il s'agit d'un événement plus célèbre, intéressant tous les peuples, le Macédonien comme le Grec, le Romain comme le Turc, intéressant l'humanité tout entière, il s'agit d'une régénération universelle, de la rénovation en Jésus-Christ de la nature humaine. Nous avons, recueillant parfois nos souvenirs, passé en revue les soixante siècles écoulés depuis la création, comparé l'ancien monde et le nouveau, l'âge Adamique et l'âge Chrétien ; et nous avons trouvé l'esprit humain, en proie à l'ignorance, à l'erreur et au doute avant Jésus-Christ, rendu par lui à la science, à la vérité et à la foi ; le cœur humain impuissant autrefois par l'affaiblissement du libre arbitre dans le péché originel et vertueux aujourd'hui par la grâce du Christ ; la chair humaine enfin divinisée dans le Paganisme et crucifiée dans le Christianisme.

Le Moine est, à nos yeux, la personnification complète des influences que l'Incarnation a exercées sur le monde pour le régénérer. Il a, profitant des lumières de la Révélation, écrit dans la solitude, ouvert des écoles, créé des bibliothèques, soustrait les œuvres de génie à la main des Barbares, sauvé les sciences, les lettres et les arts, défendu le dogme contre l'hérésie et promené partout au moyen-âge, en le tenant toujours dans sa main, le flambeau de la foi dont la lumière, grâce à lui, a pu une seconde fois luire dans les ténèbres; il a été le docteur de chaque siècle : c'est Aphraate, sortant de la solitude, dit Ruffin, pour défendre à la cour de Valens la consubstantialité du Verbe ; c'est saint Antoine, centenaire, quittant le désert de Colzim, pour aller à Alexandrie étayer de sa vertu les arguments d'Athanase et protester contre Arius; c'est Jérôme à Bethléem, écrivant la Vulgate, réfutant l'hérésie et défendant la divinité du Christ dans la grotte même où il était né ; c'est Alcuin, fondant l'école palatine et enseignant à Charlemagne, devenu son disciple, le moyen de faire de toute la France une Athènes chrétienne ; c'est saint Benoît à Aniane, Lanfranc au Bec, le Bénédictin partout; c'est l'Ange de l'école enfin résumant tout dans sa Somme et ressuscitant de nos jours, sous la forme d'orateur, pour enseigner le dix-neuvième siècle.

L'incarnation qui a ramené l'esprit humain à la vérité, par la foi dont elle est le fondement, a ramené aussi le cœur humain de ses égarements, par la grâce dont elle est la source, la grâce qui épure nos sentiments, fortifie notre volonté et la ramène à la vertu, semblable à ce rayon de soleil qui, tombant sur une fleur couchée dans la boue, après une pluie d'orage, la ranime, la relève, la purifie et lui rend ses parfums. La Sagesse incarnée a ouvert une école où enseignant la vertu, dans de sublimes leçons, elle forma des disciples comme jamais nul Sage n'en avait formé. Mais LUI ne se contentait pas de dire, il joignait toujours l'exemple au précepte. Il fit plus qu'enseigner sur la montagne une morale nouvelle, destinée à révolutionner le monde et des vertus dont on ne connaissait pas même le nom, sur lesquelles devait reposer un jour la société chrétienne ; il les pratiqua dans le cours de sa vie. Il fut pauvre jusqu'à n'avoir pas où reposer sa tête, doux jusqu'à se laisser égorger, comme un agneau, sans se plaindre, et miséricordieux jusqu'à pardonner à tous, même à ses bourreaux. Si jamais âme fut sensible, ce fut l'âme de celui qui pleura Jérusalem l'infidèle, et Lazare son ami ; si cœur jamais fut pur, ce fut le cœur du Juste, et cette justice dont il portait le nom, il l'aima jusqu'à souffrir persécution pour elle.

Ici, si je voulais peindre le héros, je pourrais le montrer allant au devant de la douleur, la recherchant comme un bien, quand le stoïque ne faisait que la subir, et la souffrant sans faiblesse, malgré les défaillances d'une nature tombée dans l'agonie et suant du sang : la chair demande grâce au Gethsémani, mais l'âme résignée accepte le calice de la Passion. Le pinceau du Guide a rendu, mieux que nous, cette pensée, quand il l'a dépeint sous ce titre, *Ecce Homo*, affublé d'un manteau dérisoire, portant le sceptre de roseau et la couronne d'épines, le front ensanglanté, le visage sali de crachats, dans une tête, admirable d'expression, où l'œil reproduit autant de résignation que de douleur.

Le modèle divin a eu des copistes dans le cours des âges, qui, mieux que le peintre Bolonais, ont cherché à le reproduire, non sur toile, mais dans leur conduite et sur leur chair ; ils s'appellent les enfants du Calvaire et non pas les disciples des Carrache.

Il ne faut pas les chercher dans le monde où ils ne demeurèrent pas longtemps. Les premiers fidèles vécurent en commun, unis ensemble dans la prière et la communion, n'ayant qu'un cœur et qu'une âme, tous pauvres par désintéressement, tous frères par la charité, et tous égaux par l'humilité ; mais les Agapes finirent au quatrième siècle.

La vertu alors se retira du monde, renonçant à tout pour aller dans la prière, sous l'humble coule du moine, pratiquer la mortification, qui consiste à châtier son corps, comme l'a dit saint Paul, et à le réduire en servitude, qui consiste à prendre le fouet, quand la chair murmure et se révolte et à la discipliner sévèrement, pour émousser en nous l'aiguillon de la concupiscence. On connaît les solitaires de la

Thébaïde portant la haire et le cilice, vivant de pain et d'eau ; cette jeune colonie romaine transplantée à Bethléem, Paule, Eustochie, Marcelle, Lœta, allant apprendre la pénitence à l'école de Jérôme qui, la main armée d'un roc pointu, frappait rudement sa poitrine, au souvenir des délices d'autrefois ; et les Ascètes de tous les temps se livrant à la prière, au jeûne, à l'abstinence, au travail et à la macération : Pacôme, à Tabenne, chantant les saints cantiques, s'occupant à faire des cilices et vivant d'herbes amères : Hilarion, au désert, où, vêtu d'une peau de bête, il couchait sur la terre nue ; Arsène, à Scété, pleurant, jour et nuit, d'avoir trop tardé à quitter la cour, le plaisir et les richesses ; Ammon, sur la montagne de Nitrie ; Patrice, dans son purgatoire ; le Stylite sur la colonne ; Dominique, sous la cuirasse de fer ; Benoît, au Mont-Cassin ; Etienne Harding, à Cîteaux ; Bernard, à Clairvaux, et Rancé à la Trappe.

Ici je m'arrête pour gémir un instant sur les infirmités de la nature humaine, qui faiblit souvent et tombe sous le poids de sa croix. L'histoire de la Passion s'est renouvelée dans le monachisme chrétien, tout entière, même dans ses chutes ; mais le Cyrénéen n'a jamais manqué de revenir aux heures de défaillance et de reprendre la croix sur ses épaules, pour la porter au sommet du Calvaire. Le philosophe, censeur de la vie monastique, mais toujours sophiste, heureux de trouver un moine dégénéré, l'a montré à son public ironiquement, et, jouant l'indignation, il a demandé, au nom de l'humanité, la sécularisation des couvents et l'abolition d'une règle trop pesante, insupportable évidemment à la nature, qui succombe ou qui rejette le fardeau. L'histoire monastique a eu sa décadence, inhérente aux choses humaines, son heure de déclin, son jour d'éclipse dont je ne veux pas rechercher les causes, trop nombreuses. Mais la principale, à mon avis, fut la Commende, l'intrusion d'un étranger, sous le nom d'abbé commendataire, qui dissipait les revenus et les moines d'un couvent livré à ce mercenaire pour en épuiser les ressources. On le sait, la Trappe ne doit son salut qu'à la conversion d'un abbé commendataire.

Cependant, il est un Ordre qui a résisté sévèrement à tout relâchement, depuis tantôt huit siècles, comme pour répondre hardiment à nos épicuriens que la mortification n'est pas incompatible avec les faiblesses de la chair ; que saint Bruno n'a pas été un enthousiaste imprudent, que la règle ne se relâche pas nécessairement, en s'épuisant elle-même, et que la vie monastique n'est pas le suicide par empoisonnement. Le Chartreux n'a jamais été ce moine qui n'avait de son état que l'habit, comme on le disait au onzième siècle, et qui ne portait l'habit que pour le déshonorer ; le seul qui n'ait pas été réformé, quoiqu'il soit l'un des plus sévères, il est aujourd'hui pauvre comme autrefois, toujours vêtu de grosse laine, seul en cellule, dans une contemplation incessante, portant le cilice sur la chair, nourri en maigre et couché sur la dure.

Il faut le dire, chaque Ordre n'a pas été aussi fortement trempé dans la vertu : et, passant de l'humilité à l'orgueil, de la pauvreté à la richesse, de la modestie au faste, de l'obéissance à la révolte, ils ont déchiré leurs constitutions, violé leurs vœux et produit des apostats, libres comme Pélage, fougueux comme Luther, fanatiques comme John Knox, vicieux comme Fra-Paolo, démagogues comme Chabot, et d'autres dont nous ne connaissons pas les noms, mais auxquels il n'a manqué qu'une circonstance peut-être pour devenir les héros tristement célèbres d'une hérésie, d'un schisme ou d'une révolution.

— Moine de Würtemberg, tu fus, au seizième siècle, la personnification de ces désordres, déserteur du cloître, renégat de la foi, ecclésiaste révolutionnaire, libelliste grossier, homme de chair et de sang, et mari de Kéthæ. Il y avait une réforme à faire, la réforme de tes vices, plus urgente que tout autre, plus méritoire surtout, mais devenue impossible, on le comprend, après les visions *apocalyptiques* de la Wartbourg. Tu n'aurais pas eu, trop célèbre docteur, à regretter plus tard le froc de frère Martin, à subir les persécutions de Satan et à dire un jour, après avoir perdu jusqu'à ton Christ, battu par les flots du désespoir : Beau ciel, je ne te verrai jamais ! et l'Elbe aurait eu, dans ce cas, *assez d'eau dans son lit pour pleurer ces malheurs !*

La réforme se fit partout dans le monde catholique, non comme en Allemagne, en détruisant le sacerdoce, en sécularisant les couvents et violant les religieuses, à la manière de Luther ; mais en régénérant l'esprit ecclésiastique, en rajeunissant les ordres religieux, en resserrant les liens de la discipline, à la manière de Borromée. L'un agit sous l'influence diabolique d'un démon qui l'obsède, et celui-ci, poussé par le souffle vivifiant de l'Esprit-Saint qu'il a invoqué, crée et renouvelle, comme il est écrit : *Emittes spiritum tuum et creabuntur et renovabis faciem terræ;* Ignace crée son célèbre institut, François des Anges réforme les Franciscains, Thérèse le Carmel, Rancé la Trappe, et Paolo Justiniani met les Camaldules en cellule, afin qu'ils puissent retrouver Dieu dans la solitude. Mais l'homme nouveau, l'homme tel que les besoins du temps le demandent, c'est le Jésuite qui a hérité par Loyola du courage des chevaliers pour défendre la foi menacée par le Protestantisme, sans autres armes que l'obéissance, le désintéressement et la science contre la révolte, les ambitions et les sophismes de Luther. L'Esprit a soufflé, et l'antique Cordelier reparaît sous le capuchon pointu du Capucin et sous la robe du Récollet ; le Bénédictin reprend ses constitutions et devient moine noir, sous le nom de Saint-Maur ; le Cistercien renaît, dans toute sa vertu première, sous la coule du Trappiste ; le Carmel refleurit sous la main de Thérèse, et les Augustins reparaissent sous le manteau blanc du Prémontré. Les Ordres se relèvent, les fondations se multiplient, les maisons se remplissent, Cluni, Cîteaux, Val-Ombreuse, Fontevrault, la Trappe ; chaque abbaye retrouve des religieux qui se lient par vœu à observer, mieux que jamais, les règles monastiques oubliées un moment, à reprendre la discipline, à recommencer les mortifications; renonçant au luxe, au plaisir, à la chasse et au jeu, pour se livrer à l'humilité, à l'obéissance, au travail et à la contemplation ; reprenant le jeûne, observant l'abstinence, portant le cilice, châtiant le corps, mourant à tout pour renaître à la vertu : c'est la lutte entre l'esprit et la chair, le triomphe de la religion sur le siècle, héroïque protestation adressée aux Protestants, la réforme en face de la Réforme ; ici, Catherine de Boren infidèle à son Christ, quittant le cloître pour aller chercher un époux moins céleste, passant de l'abstinence au sensualisme, et là, Thérèse de Jésus qui, en proie à d'horribles douleurs, voyait néanmoins avec peine se terminer la crise et ne souffrant jamais tant que quand elle ne souffrait plus, se plaignait à Dieu, dans les intermittences de son mal, et demandait ou de *souffrir encore ou de mourir*.

Telle fut la réforme catholique au seizième siècle, bien différente, on le voit, de la réforme protestante. Saint Bernard l'avait demandée avant Luther ; des moines la commencèrent, des papes la continueront, un concile l'achèvera et puis la persécution pourra venir ; ces ames, retrempées dans la grâce, résisteront à l'épreuve terrible d'un Voltaire qui rit, d'un Robespierre qui guillotine.

Les philosophes disaient : Le couvent est une prison où l'on punit d'une torture sans fin une faute d'un moment, un caprice de dévotion, un accès d'enthousiasme ; l'humanité demande l'affranchissement de ces nouveaux esclaves, victimes d'un préjugé, dupes d'un vœu irréfléchi ; elle veut que la loi fasse tomber la clôture, enlève les grilles et prononce la mise en liberté : — ouvrez les portes, et prisonniers et captives, libres enfin, reviendront tous à la famille, au mariage et au monde. La Révolution, fille naturelle de la philosophie, les a ouverts un jour, ces cloîtres, sur la motion de Treilhard, et « ces Trappistes si à plaindre, disait Châteaubriand piquant d'ironie, au lieu de profiter des charmes de la liberté et de la vie, ont été continuer leurs austérités dans les bruyères de l'Angleterre et dans les déserts de la Russie. » D'autres restèrent pour protester généreusement contre la violation de leur domicile, ne se croyant pas dégagés de leurs vœux, malgré le décret du 13 février 1790; il fallut les chasser, on envoya le gendarme et la force ne réussissait pas toujours; mais le bourreau vint au secours du gendarme pour en finir :

— Carmélites de Royal-Lieu, le tribunal révolutionnaire vous a condamnées, l'échafaud vous attend; vous pouvez entonner l'hymne de la délivrance; partez, vous ne sortirez du cloître, selon votre désir, que pour aller au Ciel !

Touchant souvenir, spectacle émouvant, tout un couvent qui monte à l'échafaud, sans fierté et sans peur; pauvres filles, humblement héroïques, elles marchaient rangées en procession, chantant en chœur leurs pieux cantiques, bénissant, en souvenir du Calvaire, la foule ameutée qui les insultait ! On dit que le chant diminuant graduellement, ne cessa qu'à la mort de la dernière, supérieure du couvent, qui, mère de cinquante Machabées, renouvela l'héroïsme antique de Salomoné.

Ces exécutions sanglantes se renouvelèrent plus d'une fois, car les martyrs ne manquaient pas; bientôt il n'y eut plus en France de bouche pour prier, de cœur pour pardonner, de main pour absoudre; mais en frappant la Religion, on avait frappé la société, dont l'état monastique est le soutien, car « les prières influent sur la prospérité des choses humaines, » comme le disait éloquemment l'évêque de Clermont, de Bonald, à la Constituante : c'est quand il n'y a plus dix justes dans Sodome que la main de Dieu fait, dans sa justice, tomber le feu du Ciel. On connaît l'histoire de ces derniers temps......

Aujourd'hui une réaction se fait sous l'influence des idées religieuses, les ruines se relèvent, le Moine reparaît, prie, enseigne, circule et prêche sous tous ses costumes divers, libre de reprendre ses constitutions, de rebâtir ses couvents et de racheter ses antiques monastères (1). Heureux augure, le Moine a déjà repris la tradition de ses ancêtres : Le Dominicain prêche, le Bénédictin cultive les sciences, le Trappiste laboure la terre à Staouëli (Afrique), au Kentucky (Amérique), comme il l'a fait sur notre continent, et leurs œuvres, fécondes en résultats, ne tarderont point à venger la mémoire de leurs Pères, flétrie par certains économistes. Ils feront, pour me servir d'une belle expression, comme le soleil qui ne

---

(1) On le sait, l'Etat vient de signer la cession faite à la ville de Toulouse de la belle église et du couvent des Jacobins, dont on avait fait une écurie, désireux de venger ainsi la religion et les arts catholiques de l'outrage qu'ils avaient reçu, le jour où on les mit sous les pieds des chevaux.

retire point ses rayons bienfaisants, quand on l'insulte, continue sa course et

> Verse des torrents de lumière
> Sur ses obscurs blasphémateurs.

Ils ignorent l'histoire ou ils feignent perfidement de l'oublier ceux qui, au nom de la Philosophie et de l'humanité, condamnent le monachisme comme inutile et dangereux à la société, ne voyant dans le moine qu'un être stérile, ignorant, oisif; eunuque par vertu, reclus par égoïsme et esclave par serment d'une règle vieillie, qui le condamne à l'immobilité au centre du progrès; enrayant le char de la civilisation, au lieu de le traîner, ou plutôt allant se cacher, comme l'oiseau qui pressent l'orage, pour échapper à la destruction.

Je n'ai besoin, pour répondre à l'objection, que d'ouvrir un livre, et je vais, sans commentaire, transcrire leurs faits et gestes ; je vais peindre le moine d'après l'histoire.

Dans les premiers siècles du Christianisme, pendant que les Barbares travaillaient à démolir la société païenne, les solitudes se peuplèrent dans la Palestine, la Syrie, l'Arabie, la Perse, partout, comme les Catacombes qui avaient accueilli sous leurs voûtes souterraines, pour les soustraire à la proscription impériale, les nouveaux convertis, obligés de fuir l'idole et César: Hilarion au désert de Gaza, Palémon sur les bords de la mer Rouge, Cassien à la laure de Celles, et Jérôme à Bethléem entraînant après lui les premières Dames de l'Empire.

« On a accusé ces pieux solitaires, dit Edgar Quinet, d'avoir donné le signal de la dissolution sociale, en se retranchant du monde. » — « Non reprend-il, la pensée qui les poussait vers les lieux sauvages n'était pas un esprit de destruction ; c'était bien plutôt le désir de retrouver, à la place d'une société morte, le type de toute société vivante, de toute alliance, dans une communion renouvelée avec Dieu. Au milieu de la dissolution sociale, s'apercevant que la vie n'était plus où elle avait coutume d'être, dans les institutions, dans l'Aréopage, dans le Forum, au foyer domestique, par amour de la vraie vie, ils fuyaient un monde qui n'était plus qu'apparence. Ils fuyaient donc épouvantés dans le fond des rochers, là où jamais l'homme n'avait mis le pied. Ils tombaient à genoux et le moindre insecte qui cherchait sa pâture, œuvre vraie du Dieu vrai, leur semblait marcher dans la voie droite cent fois mieux que ne faisaient Rome et Athènes contrefaisant, sous un masque de théâtre, les grandes choses d'autrefois. Le moindre murmure de l'eau était un discours véridique pour des oreilles fatiguées des sophismes de Byzance. L'homme se séparait de l'homme, cela est vrai, et jamais pourtant il n'avait été moins seul, car il allait converser avec Dieu pour renouer avec lui le contrat social qui venait d'être brisé. »

Ainsi, d'après l'aveu de Quinet qui compare Paul, Antoine, Athanase, les anachorètes du monde chrétien, à Zoroastre sur le Bordj, à Manou près du Gange, à Orphée dans la Thrace, les anachorètes du monde païen, le moine dans la solitude cherchait, à cette époque, dans la contemplation de la cité éternelle, le type de la société nouvelle qu'il allait être appelé à édifier sur les ruines du vieux monde ; il étudiait dans le recueillement pour écrire ensuite, soit avec la plume de Cassien, soit avec la main de saint Benoît, ses Institutions monastiques qui devaient servir de règle à Charlemagne pour écrire ses Capitulaires, de manière à former la société civile sur le modèle du couvent, en l'asseyant sur le double principe de l'individualité et de l'association : c'est Moïse se retirant à l'écart pour converser avec Dieu, sur le Sinaï, d'où il descendra portant à son peuple une loi nouvelle, préférable à celle des Pharaons. « L'herbe ne poussait plus dans les vallées, sous les pieds des hordes sauvages, dit Châteaubriand, en exprimant la même pensée, et au haut des rochers, sur la crête des monts, était le moine qui abritait dans ces roches escarpées les restes des arts et de la civilisation ; mais, de même que les fontaines découlent des lieux élevés pour fertiliser les plaines, ainsi les premiers anachorètes descendirent peu à peu de leurs hauteurs, pour porter aux Barbares la parole de Dieu et les douceurs de la vie. »

Nous sommes au sixième siècle où le moine continue, comme saint Martin à Marmoutiers dans le quatrième, comme saint Honorat à Lérins dans le cinquième, d'être un asile, un refuge, un abri contre les Barbares, et où il devient Prêtre pour convertir les peuples et Evêque pour sacrer des Rois, en attendant qu'il devienne Pape pour déposer des Empereurs : c'est le moine Augustin, apôtre de l'Angleterre ; c'est Remi faisant courber la tête au fier Sicambre, ce sera Hildebrand, sous la tiare de Grégoire VII. Mais n'anticipons pas.

Pendant que le couvent, arche de Noé encore au septième siècle, sauve du naufrage les lettres, les sciences et les arts menacés par les Sarrasins, le moine travaillait : Marculfe à transcrire les Formules, un anonyme à continuer la Chronique de Frédégaire et les autres à garder précieusement le dépôt des vieux âges, quand le fanatique Omar cherche à les détruire, en brûlant la bibliothèque des Ptolemées. Le goût du monachisme prend au huitième siècle, se propage dans toutes les classes de la société, gagne même les têtes couronnées ; Carloman, Rachise, Ethelrède, Ina, Lothaire qui, plus libres que Clodoald, échangent leur diadême contre le froc, qui, certes, valait bien alors la pourpre d'un roi fainéant. C'était l'époque des grandes luttes, Charles Martel et les Sarrasins, Charlemagne et les Saxons ; et le moine, étranger aux troubles de ce monde, dit un historien, allait çà et là, ange de paix, armé seulement d'une croix, pacifiant tout sur son passage, prêchant l'Evangile, défrichant le sol, desséchant les marais, éclaircissant les forêts, bâtissant des villes et ouvrant des écoles, Corbie, Fulde, Saint-Gall, Saint-Denis, Saint-Germain, Aniane. Je n'en nommerai qu'un, mais le plus célèbre de tous dans ce siècle, Boniface, l'apôtre de l'Allemagne, qui parcourt en géant la Thuringe, la Hesse, la Frise, la Saxe, renverse les idoles, les fait servir à la construction des églises et donne le Nord au Christianisme qui vient de perdre l'Orient (1). Il meurt sans terminer son œuvre, mais d'autres la continueront dans le neuvième siècle, Anscaire en convertissant le Danemarck et la Suède, Constantin les Slaves, Ignace les Russes, Méthode les Bulgares, en mettant sous les yeux de leur roi, dans une sainte hardiesse, le tableau du Jugement dernier, peint par lui-même.

Or, pendant que la Religion se sert du moine pour se propager dans le Nord, Charlemagne en Occident se servait du moine aussi pour renouveler les études; car toutes les connaissances humaines, la Philosophie, l'Histoire, la Poésie avaient dû s'abriter sous la sauvegarde de la Théologie, dans ces siècles barbares où les Sarrasins succédaient aux Goths, les Saxons aux Sarrasins et les Normands aux Saxons pour détruire, insensibles à tout, *ne craignant que la chute du Ciel.* C'est une levée générale de boucliers, dont le bruit, pénétrant dans les monastères, va troubler le silence des cloîtres et préparer les esprits à une lutte non moins bruyante, la guerre aux idées, qui s'engagera par des arguments, pour ne finir que quand le sang aura coulé, quand le glaive sera venu au secours du syllogisme : Hincmar défendant le libre-arbitre contre un fameux bénédictin d'Allemagne, qu'il fait dégrader par un concile et fouetter en public, prélude aux querelles scolastiques qui armeront plus tard les Réalistes contre les Nominaux, Scot et Saint Thomas. Charlemagne l'avait pressenti avant de mourir, l'invasion Normande démembre son empire,

---

(1) Mahomet.

dévaste ses états et promène la mort, sous les ordres de Rollon, qui ne laisse derrière lui que des ruines, des cadavres destinés à rassasier les loups qui suivent son armée. Tout tombe sous le marteau du barbare; l'empire de Charlemagne se dissout après l'empire romain; malheur sur malheur et débris sur débris. La famine suit la guerre, la peste éclate, l'ordre des saisons est interverti, c'en est fait, l'an mille approche, c'est la fin du monde et chacun attend dans la prière le grand évènement. Le moine seul, sans se livrer au découragement, pense à l'avenir, se fait chroniqueur et prépare des matériaux à l'Histoire; Flodoard en écrivant sa *Chronique*, Usuard son *Martyrologe*, Odon les *Actes des Saints*, Witekind l'*Histoire des Saxons*, et Aimoin une *Histoire de France*.

Le dixième siècle passe sans catastrophe; la trompette fatale n'a pas sonné; on ouvre les yeux, on se retrouve dans ce monde, on reprend courage; mais la crainte encore domine l'espérance, et Glaber nous avoue que le moine lui-même, dans cet âge cruel, tourmenté de visions étranges, était parfois le jouet de la peur (1). Il ne reposait point sur un

---

(1) Il voyait (je traduis) un petit homme noir à la figure grimaçante, sourcil épais et mobile, tête pointue, cheveux en désordre, grosses lèvres, barbe de bouc, dents de chien, qui, debout à ses pieds, tirait cruellement les draps et les couvertures, et secouait violemment son lit, en disant gaîment à son oreille : tu es damné. Michelet, qui rapporte ce trait pour nous faire rire sans doute aux dépens du pauvre moine, n'oubliera pas, en achevant son *Histoire de France* « que le dix-huitième siècle fut un jour en alarme pour une comète dont quelques mathématiciens l'avaient menacé. »

calcul en l'air, une hypothèse astronomique, cet effroi général qui mettait en route les pèlerins, tenait les populations à l'église, faisait chanter le roi Robert au lutrin, et enfermait au cloître les papes, les empereurs et impératrices, Jean XVIII à l'abbaye de Saint-Paul, Isaac Comnène au monastère de Sttudie et Cunegonde à Kaffungen. Chacun se dépouille, sous la pression de ces terreurs, pour laisser moins à prendre à la mort, comme on allège un vaisseau près de sombrer, en jetant sa charge à la mer. Cependant le siècle suit son cours, la vie reprend, le Camaldule sort de sont couvent, Gualbert défriche Val-Ombreuse, le Chartreux copie des livres, et nobles et vilains prennent la truelle pour accomplir le vœu qu'ils ont fait de bâtir une cathédrale, pendant que le moine Gui d'Arezzo invente la gamme, donne un alphabet à la musique, qui en facilitera le jeu, en popularisera l'usage et se mariera aux mâles accents de l'orgue pour donner à la basilique une voix majestueuse et solennelle et au culte catholique un langage digne de ses grandeurs. Le seigneur travaille à côté du serf, devenu un moment son égal, sous l'influence de l'idée religieuse et sous la direction d'un moine architecte. C'en est fait, il ne rentrera plus dans sa tour féodale; le cri de *Dieu le veut* a été prononcé ; la croisade l'appelle ailleurs, à Jérusalem où il trouvera les vrais ennemis à combattre. Ce grand fait, si fécond en résultats, qui procura l'unité à la France, la civilisation à l'Europe et des chevaliers à la religion, termine le onzième siècle ; il est dû à un humble moine, qui fut assez fort pour jeter l'Europe sur l'Asie.

C'est la guerre à ce cri, *Diex et volt*, juste, grande et sacrée, la guerre contre les Barbares, la guerre contre les Infidèles, au nom de la société et de la religion, *pro aris et focis*, dont le double caractère va se personnifier dans le chevalier, soldat et moine à la fois, type de l'héroïsme militaire et chrétien, suivant la règle de Cîteaux.

Nous arrivons au bel âge du monachisme. Ici, pendant plusieurs siècles, tout va se faire moine, la théologie dans saint Thomas, la philosophie dans saint Anselme, la diplomatie dans Suger, la justice inquisitoriale dans Pierre de Castelnau, l'histoire dans Matthieu Paris, l'éloquence dans Saint-Bernard, les sciences dans Albert-le-Grand, dans Roger Bacon l'admirable; les lettres dans les Hagiographes, enfin les arts dans les Archéologues du cloître, qui donneront à l'architecture l'ogive élancée, symbole de la foi catholique, peindront les vitraux gothiques et sculpteront sur bois des chefs-d'œuvre iconographiques qui existent encore, figures grimaçantes trop souvent, mais riches d'expression à faire le désespoir de nos artistes, qui n'ont pas assez de patience pour avoir autant de génie.

Je dépasserais les bornes d'une préface, si je voulais consacrer une page à chacun de ces objets; je n'écris pas un livre, je n'en donne que la table, j'esquisse à larges traits le sommaire d'une grande histoire, qui reste à faire, même après le bel ouvrage du P. Helyot sur les Ordres religieux.

L'homme du douzième siècle, celui dont le nom est partout dans les annales de cet âge, fut un moine qui, subissant les nécessités de sa pauvreté monastique, ne mangeait à Clairvaux qu'un potage de feuilles de hêtre et du pain d'orge, de millet et de vesce; Bernard, esprit élevé, cœur ardent, qui fut l'orateur et le thaumaturge de l'époque, le réformateur du monachisme, le prédicateur de la croisade, l'heureux adversaire d'Abailard, le conseiller des rois, le juge des papes, le docteur et le père de l'Eglise.

L'homme du treizième siècle, celui qui en a le mieux compris les besoins, qui s'est multiplié pour les satisfaire tous et a donné sa physionomie à cet âge, c'est le moine, dont on retrouve les traces partout, dans ce siècle essentiellement monastique; le moine mendiant, mais donnant, en échange de l'aumône qu'il reçoit; Dominicain, la parole de Dieu aux villes et aux campagnes; Franciscain, l'exemple salutaire d'une indigence volontaire; « ne portant ni or, ni argent, ni autre monnaie dans sa bourse, ni deux tuniques, ni sandales, ni bâton » pour faire accepter la pauvreté aux prolétaires; Carme, des saints à l'Eglise; Augustin, des chevaliers au Christianisme; et Mathurin, la liberté aux captifs.

On ne contestera point l'utilité de ces bienfaits, on ne niera plus, ce me semble, la valeur sociale de ces moines qui, après avoir bâti dans le désert, défriché le sol et fertilisé les terres, allaient enseigner aux peuples l'agriculture, le commerce et l'industrie, apaiser les factions, réconcilier ensemble Guelfes et Gibelins, Bourguignons et Armagnacs; mais, s'il était nécessaire, le quatorzième siècle viendrait donner encore d'autres preuves à ma thèse, en attribuant l'invention de la poudre à un Cordelier, Barthold Schwartz ; les horloges sonnantes à un Bénédictin anglais ; les lunettes à un Dominicain, Alexandre della Spina ; et l'imprimerie tabellaire à des religieux qui s'en servaient, avant Guttenberg, pour faire des images de saints enrichies de courtes prières (1)

Le moyen-âge finit au quinzième siècle. Cet âge, décrié par Luther et sifflé par Voltaire, qui prirent volontiers parti pour Abailard contre saint Bernard, parce qu'ils étaient destinés à continuer, chacun dans son siècle, le procès de la raison contre la foi, de l'erreur contre la vérité, du vice contre la vertu, cet âge dont on traduit aujourd'hui, dont on réimprime les livres, dont on recherche les traditions, dont on consulte les monumens, dont on étudie les modèles, dont on copie les formes, dont on reprend même le costume, ne tardera pas à être entièrement réhabilité parmi nous. Le Prémontré vêtu de blanc nous rappelle saint Norbert ; le Mineur ceint d'une corde, François d'Assise ; le Trinitaire aux trois couleurs symboliques, blanc, rouge et bleu ; Jean de Matha ; le Carme déchaussé, sainte Thérèse ; le capucin à la longue barbe,

---

(1) Déjà au 6ᵉ siècle, deux moines avaient introduit les vers à soie en Europe, en apportant à Constantinople, dans leurs bâtons de voyage creusés à cet effet, des œufs qu'on fit éclore à la chaleur du fumier. Ils avaient étudié tous les procédés en usage dans la Chine pour élever et multiplier ces insectes ; et l'éducation des vers à soie une fois connue, l'industrie n'a pas tardé à faire de leurs cocons ces belles étoffes qui ne couvrirent pendant plusieurs siècles que des épaules royales, quoique destinées à servir un jour de parures vulgaires à la bourgeoisie, sous la loi du progrès.

Mathieu de Baschi ; le Trappiste au scapulaire noir, Rancé ; le Jésuite, Loyola, et pour finir par deux grands noms qui appartiennent à l'histoire du monachisme contemporain, je dirai : Ventura le Théatin nous remet sous les yeux Gaétan dans son habit, toute la tradition dans son savoir, et Bonaventure dans sa piété séraphique ; Lacordaire reproduit devant nous Dominique dans son costume, Thomas d'Aquin dans sa science, Bernard dans son éloquence, et tous les deux nous font penser à Savonarole, le moine du quinzième siècle, dont ils absolvent la mémoire, en flétrissant, comme lui, les Médicis, sous quelque nom qu'ils les rencontrent, sous quelque masque qu'ils les découvrent. En un mot, la Réforme, au seizième siècle, arracha le froc au moine ; la Philosophie, après, lui fit perdre sa vertu ; la Révolution, au dix-huitième siècle, lui coupa la tête ; mais il renaît aujourd'hui, il a reparu dans toute son intégrité première, Lacordaire a été la réhabilitation du moine au dix-neuvième siècle.

Je puis, en généralisant mon sujet, en omettant certains faits isolés, en oubliant quelques noms, je puis résumer cette longue étude en trois mots, dont personne ne contestera l'exactitude et la valeur, juger en vérité et dire : Le moine, tel qu'il est d'après l'histoire, tel qu'il a dû être, dans les divers âges où il a paru, le moine antique, c'est saint Benoît, le moine du moyen-âge, c'est saint Bernard, et le moine des temps modernes, c'est Lacordaire.

Il faut le dire, et ce sera notre transition pour arriver aux Trappistines dont nous allons esquisser la physionomie, Dieu donna des sœurs à ces hommes qui renoncèrent à leurs femmes, et chaque Ordre de Religieux eut ses Religieuses, qui luttèrent, malgré la faiblesse de leur sexe, de dévouement, de mortification et de vertu, avantageusement, avec leurs frères en religion, depuis Synclétique, jusqu'à nos filles de Charité, depuis les Agapètes de la primitive église, jusqu'à nos sœurs modernes, les Bénédictines, les Carmélites, les Augustines, les Clarisses, les Chartreusines, les Annonciades célestes et les Trappistines, dont l'Ordre, plus populaire que tout autre, ne demande qu'à être bien connu pour être mieux apprécié, ce qui nous a décidé à en livrer les secrets à l'édification du public.

Ici, à ceux qui voudraient savoir pourquoi, n'ayant à parler que des Trappistines, nous avons mis en tête de notre brochure une longue étude sur le moine, je n'ai qu'à répondre : l'un se lie à l'autre, comme *frère* et *sœur*, et la gloire de la famille rejaillit toujours sur les membres. D'ailleurs l'histoire procède ainsi en parlant de la vie monastique, elle ne nous fait guère connaître la religieuse que par le religieux son frère, la Chartreusine par le Chartreux, la Clarisse par le Franciscain, et la Trappistine par le Trappiste. J'ai dû nécessairement prendre la même voie, jeter un coup d'œil sur les Ordres d'hommes pour servir de revue rétrospective sur les couvents de femmes et faire connaître la sœur par le frère, Scolastique par saint Benoît, Humbeline par saint Bernard et Mademoiselle de Lestranges par Dom Augustin, son frère.

LES TRAPPISTINES.

I.

LE CHATEAU DE BLAGNAC.

On l'a dit bien souvent, et, pour être vulgaire, la réflexion n'est pas moins vraie, tout change dans ce monde, les hommes et les choses, emportés par un courant irrésistible qui passe plus rapide que jamais, devançant presque la marche du temps, pressé, ce semble, en entassant flots sur flots, en laissant plusieurs années en arrière, de recommencer, avant la fin du siècle, un autre âge qui sera.... je n'en sais rien ; mais qui ne ressemblera point à ceux qui l'ont précédé, à aucun de ces âges historiques passés pour ne plus revenir, suivant la loi de la nature.

Le père quelquefois revit dans son fils, mais une génération succède à l'autre sans filiation, sans lui ressembler jamais, répudiant même son héritage ou ne l'acceptant que pour le faire servir à de nouveaux besoins. Celle qui a bâti les châteaux est déjà loin de nous, morte pour ne plus vivre que dans l'histoire, race noble à plus d'un titre; une autre lui succéda pour démolir son œuvre, race révolutionnaire qui fit trop de ruines; et la génération actuelle, celle dont nous sommes les fils, plus philosophique et moins révolutionnaire, n'a point prêté ses mains à la démolition; elle en a laissé survivre les restes, souvent par indifférence, rarement par respect; car, dédaignant d'habiter ceux qui étaient debout encore, elle les a laissés vides et solitaires, ou bien elle les a transformés pour les employer à un autre usage. Il suffit de jeter un coup d'œil à droite ou à gauche, de regarder devant ou derrière soi, d'observer surtout la campagne qui environne la ville de Toulouse, pour trouver les preuves matérielles de notre assertion. Voyez ce château... les portes en sont closes et les fenêtres fermées; le soleil n'y entre plus; le lierre en atteint presque le toit, et la ronce qui croît autour, vous défend d'en approcher; on se retire saisi, diversement impressionné, en disant, qu'on l'ait trouvé entier ou non, n'importe : c'est une ruine.

Parmi ces derniers il en était un, antique, beau et illustre; vieux par les années, grand par sa construction et riche par ses souvenirs; vide de ses gloires aussi, taché même par les souillures de la débauche et destiné à une imminente démolition, c'était le château de Blagnac.

Assis sur la rive gauche de la Garonne, qu'il domine majestueusement, sa large structure, ses arcs à plein cintre, sa construction massive et pesante, trop attachée au sol, ses proportions mesurées qui sentent plus le calcul que l'inspiration, ses formes graves et son ensemble sévère trahissent le style froid de la Renaissance, l'architecture païenne qui remplaça, au seizième siècle, l'ogive élevé par le génie chrétien. Ce château, vieux témoin de nos âges, a vu passer dans ses murs les illustrations et les misères humaines, abritant tour-à-tour, pour ne parler que de ses derniers maîtres, les recueillements d'un magistrat (1), les passions d'un joueur (2), la noble retraite d'un général (3), et les infamies de la débauche. Enfin, tombé dans les mains d'un spéculateur, après la mort du valeureux Compans, le château de Blagnac qui avait, dit-on, précédemment servi d'enjeu à une partie d'écarté et qui avait couru la chance de devenir palais impérial quand Napoléon vint à Toulouse (4), allait subir le sort réservé à ses pareils. Déjà la hache avait renversé ses arbres séculaires, la vente avait aliéné son parc, l'ouvrier allait toucher aux murailles, lorsque la Religion, assez grande

---

(1) Le président de Sauveterre Drudas, qui étala, dit-on, un luxe princier dans sa magnifique demeure, n'y entrant jamais et n'en sortant que dans une voiture à six chevaux.

(2) Dutré, roturier enrichi par le jeu, mais qui dépensait magnifiquement son argent : sa maison était montée sur un pied vraiment royal, maître-d'hôtel dirigeant le service de la table, l'épée au côté, un chef d'office, deux cuisiniers, un rôtisseur, un pâtissier, une table permanente de quarante couverts.

(3) Le lieutenant-général Compans, pair de France, mort en 1845.

(4) En 1808, M. de Maniban ayant appris que l'Empereur devait séjourner à Toulouse, en rentrant d'Espagne, conçut le projet de le recevoir dans son château. Il fit à cet effet des dépenses considérables et tout fut disposé pour séduire le grand Monarque : on avait voulu lui donner l'idée d'acquérir cette propriété, mais il ne put se rendre à Blagnac, malgré la promesse qu'il en avait faite : l'archiduc Charles l'appelait ailleurs et la victoire l'attendait à Ekmülh.

pour l'habiter, racheta ce château pour en faire un couvent et y envoya ses Trappistines.

Elles partirent au nombre de douze, d'après la règle de Cîteaux, qui demande douze apôtres pour bien asseoir toute fondation; quittant, non sans regrets, la solitude aimée de Maubec, dans le diocèse de Valence, sous la conduite de la Révérende Mère Marie-Clémence, leur Prieure, qui encourageait ses sœurs, nous a-t-on dit, en leur parlant, dans le trajet, de l'antique foi de nos pères, de nos cryptes sacrées, de Toulouse la sainte, qu'elles traversèrent religieusement, pieuse colonie, pour arriver enfin à Blagnac, où la population, fière de les accueillir et heureuse de les posséder, n'oubliera jamais le jour où la bénédiction sacerdotale fit de ces lieux impurs un monastère, le 25 mars 1852.

La Religion, qui purifie tout ce qu'elle touche, n'a pas craint de mettre l'innocence dans la demeure du crime, pour remplacer les chansons de l'orgie par les psalmodies de la pénitence, l'oisiveté coupable par le travail et les nuits voluptueuses par des veilles sacrées, coordonnant ainsi l'expiation à la faute.

Le spectacle a bien changé, le silence a succédé au bruit, la prière au blasphème, les mystères sacrés aux mystères profanes. On n'entend plus que le bruit de la bêche, le chant des psaumes et les sons d'une cloche tintant régulièrement, aux diverses heures du jour et de la nuit, pour appeler les sœurs à l'office, au travail, à la pénitence, au repas ou au coucher. On ne voit plus bosquets, charmilles, cascades ou jets d'eau; l'utile a remplacé l'agréable, et les grandes allées se sont rétrécies pour laisser moins d'espace à la promenade, plus de terre à l'horticulture, dans une maison essentiellement agricole, qui sait allier les méditations du cloître aux travaux de la ferme. Le château, cédant à l'instabilité des choses humaines, a dû se transformer, pour ne pas périr, appeler la Religion à son salut, devenir monastère et renoncer à son blason pour porter les armoiries de la Sainte-Vierge, l'image de Notre-Dame des Sept-Douleurs, sceau de la nouvelle Trappe, symbole de la vie pénitente, dont la devise : Donec ego vixero, semble vouloir dire : tu vivras tant que tu porteras ce signe, qui seul ne passe pas.

Cette fondation sera utile à nos contrées, qui ne tarderont pas à en recueillir les fruits. Aidée par les libéralités d'une pieuse dame, et patronnée par de hautes influences qui n'ont pas refusé leurs secours, elle a déjà conservé à l'art un antique monument, donné à la Religion un nouveau sanctuaire et ouvert à la vie monastique un nouveau prieuré qui, Dieu aidant, ne le cèdera bientôt en rien à ces belles abbayes qui étaient jadis la gloire, l'orgueil et la providence de notre Midi.

La R. Mère Clémence écrivait aux Abbés de la Trappe, en les priant d'autoriser la nouvelle fondation : « On nous assure que le bassin de la Garonne, où règne encore un esprit éminemment religieux, fournira de nombreuses vocations. Cette contrée désire vivement posséder un établissement de notre Ordre, parce que notre genre de vie parait plus adapté à ces temps de relâchement où la pénitence, plus nécessaire que jamais, est inconnue néanmoins, rejetée même comme impraticable. » Elle disait vrai, sa réflexion est juste, la foi n'a pas péri chez nous, la piété y fleurit, les vocations religieuses abondent et les maisons ne suffisent plus au nombre. Chaque Ordre n'a eu qu'à reparaître pour retrouver ses religieuses, saint Benoît ses Bénédictines, le Carmel ses Carmélites, St-

Maur les Feuillantines, la Visitation ses Visitandines, et l'Ordre de Cîteaux, qui avait eu, avant la Révolution, ses religieux à Grandselve, près Grenade, et ses religieuses à Fabas, près l'Isle-en-Dodon, vient de se relever entièrement parmi nous, à Sainte-Marie du Désert, où il a envoyé des Trappistes et à Blagnac où il a mis des Trappistines. Les deux maisons cisterciennes que nous venons de nommer furent florissantes autrefois, riches en revenus, nombreuses en sujets, et fécondes en bonnes-œuvres, ce qui promet le succès à la Trappe, héritière de Cîteaux.

Le couvent est un asile que la Religion offre à la vertu, qui veut s'isoler du monde pour mieux se garder, assez semblable à ces villes de refuge que Moïse, chez les Hébreux, ouvrit à l'infortune et que le Christianisme reproduisit plus tard, sous une autre forme, comme contre-poids nécessaire aux abus du pouvoir féodal ; c'est un port tranquille où l'on peut mettre en rade, à l'abri des tempêtes, le vaisseau qui porte nos croyances et nos mœurs ; c'est un lieu de retraite, disait saint Bernard, où le chrétien peut venir se reposer en sûreté ; « là on vit plus purement, on marche avec plus de sécurité, on tombe plus rarement, on se relève plus vite, on est plus tôt purifié, on reçoit des grâces plus abondantes, on meurt avec plus de confiance, sûr d'être plus libéralement récompensé. »

Heureuses donc les âmes que Dieu appelle à la solitude ! heureuses surtout les filles de Cîteaux où être appelé c'est être élu, d'après une révélation de la Sainte-Vierge ! Les vocations cisterciennes qui alimentaient jadis dans nos provinces plusieurs monastères aujourd'hui détruits, vont renaître dans nos paroisses : déjà le mouvement a commencé, et le couvent de Blagnac est prêt à admettre dans son sein, pour grossir le nombre de ses Trappistines, toutes celles pour qui le monde est une croix, celles même qui sont une croix pour lui, pour finir par un mot de saint Paul (1).

---

(1) *Mihi mundus crucifixus est, et ego mundo.* C. VI-XIV

II.

LES TRAPPISTINES.

La Trappe, avant de devenir celui d'un Ordre monastique, était le nom d'une vallée profonde et solitaire que Rotrou, comte du Perche, échappé au naufrage de la *Nef-Blanche*, dit-on, donna aux Bénédictins de Savigny, en exécution de son vœu (1). La

---

(1) Rotrou avait épousé une fille du roi d'Angleterre, Henri Ier. Un jour il s'embarqua pour se rendre à la cour de son beau-père ; menacé par la tempête, il fit vœu, s'il échappait, de bâtir un sanctuaire à Notre-Dame ; la *Nef Blanche* échoua, mais Rotrou, à l'aide d'une chaloupe, put aborder sain et sauf. Fidèle à son vœu, il fit construire l'église, appela des moines à la desservir et dota ce prieuré, en lui cédant une partie de ses domaines.

nouvelle abbaye confirmée d'abord par Eugène III, affiliée plus tard à Cîteaux, réformée enfin par l'abbé de Rancé, était destinée, d'après les desseins de Dieu, en renouvelant l'antique race monastique, à faire arriver jusqu'à nous l'Ordre Cistercien, à le perpétuer dans les âges, à le faire revivre, comme une branche verte reproduit par la greffe l'arbre desséché qui lui avait donné naissance : c'est par elle que la Sainte-Vierge a réalisé la promesse qu'elle fit à saint Albéric de protéger et de défendre son Ordre jusqu'à la fin du monde, comme elle avait déjà accompli le même engagement vis-à-vis de saint Benoît par la réforme de Cîteaux.

La Trappe doit à la conversion de Rancé, son Abbé commendataire, d'avoir échappé à la sécularisation et à l'héroïque activité de Dom Augustin de Lestrange, d'avoir résisté à la persécution et survécu au décret de l'Assemblée constituante supprimant les ordres religieux. Aujourd'hui, d'après sa nouvelle organisation approuvée par le Saint-Siége, en date du 3 octobre 1834, la Trappe, résumant en elle tous ces antécédents, suit la règle de saint Benoît, que saint Grégoire-le-Grand appelait « un chef-d'œuvre de style et de prudence », complétée par les Constitutions cisterciennes, telle que le grand Duc de Toscane, Côme de Médicis, la lisait chaque jour, y trouvant, disait-il, l'art de bien gouverner son peuple. Ainsi le Trappiste, issu de saint Benoît, adopté par saint Bernard, réformé par Rancé, sauvé par de Lestrange, et dirigé aujourd'hui par le R. P. Dom Timothée, Abbé de la Grande-Trappe, est au dix-neuvième siècle ce que le Bénédictin était au sixième, le Cistercien au douzième, moine fervent et laborieux, utile à la religion et à la société, se multipliant comme autrefois, demandé partout, dans chaque diocèse. Il convient à nos mœurs industrielles, plus que tout autre religieux, parce qu'il travaille, il produit, il défriche, ouvre des colonies agricoles, sème et récolte pour alimenter nos marchés des blés qu'il a fait venir, des troupeaux qu'il a élevés, des étoffes qu'il a tissées, ce qui fait un appoint bien autrement sensible aux yeux de nos économistes qu'une somme quelconque de prières ou d'œuvres ascétiques. Il prie néanmoins sans que le travail des mains nuise aux élans de son cœur, sans que ses occupations extérieures troublent jamais son recueillement; il sait allier toutes choses, l'amour de Dieu, sa sanctification et le soin du prochain; concilier ensemble l'ascétisme, les macérations et la charité; être ange au chœur, anachorète à table, et laboureur dans les champs.

La femme catholique, dont un grand écrivain vient de dire les gloires, n'a jamais manqué de se prêter aux divers besoins de la religion, servant l'Eglise tour-à-tour, comme l'homme, à titre d'apôtre, de docteur et de martyr. Ventura a écrit cette histoire, célébré ce dévouement, immortalisé ces femmes en les appelant d'un nom heureux qui aura cours, *Mères de l'Eglise*. Il en est de même ici : quand l'homme se fait moine, la femme se fait religieuse, embrasse la vie monastique, suivant les mêmes règles, pratiquant les mêmes austérités, rivalisant toujours d'héroïsme, sans jamais se laisser vaincre dans les combats de la vertu.

Ce serait un long parallèle à établir, intéressant à raconter, mais étranger à notre sujet, dont nous ne dirons que les traits nécessaires pour en arriver à nos Trappistines.

Quand le législateur du monachisme, en Orient, Basile, écrivait les constitutions de son Ordre, Macrine, sa sœur, et Emmélie, sa mère, se retirèrent dans le Pont pour bâtir un couvent, près du fleuve d'Iris, où elles vécurent, en compagnie d'autres vierges, n'ayant pour lit qu'une planche de bois posée sur la terre, et une bûche pour chevet. En Occident, quand saint Benoît se réfugie au Mont-Cassin, Scolastique, sa sœur, va s'enfermer dans un monastère voisin, où, s'inspirant des conseils de son frère, elle établit des Bénédictines. Quand saint Bernard va fonder Clairvaux, y entraînant ses cinq frères, Humbeline, sa sœur, renonce à tout pour aller à Juilly déposer ses riches étoffes. On sait l'histoire de sa conversion racontée par Guillaume, moine de Signi, son contemporain. Elle était mariée dans le siècle, livrée aux joies du monde, entraînée déjà par le mauvais courant, lorsque Dieu lui inspira d'aller voir ses frères à Clairvaux. Elle se présenta au monastère en grande dame, magnifiquement escortée. Ils refusèrent tous de la voir, et Bernard le lui fit dire par André, l'un de ses frères, qu'elle ne reconnut pas sous l'habit de portier, chargé de lui reprocher son faste et son orgueil. Rougissant de ce refus, et blessée cruellement au cœur, elle

ne put retenir ses larmes : « Oui, dit-elle, il est
» vrai, je suis une pécheresse, mais Jésus-
» Christ n'est-il pas mort pour les pécheurs ?
» Retournez, et si le frère ne veut pas recon-
» naître sa sœur, dites à l'homme de Dieu,
» dites au prêtre d'avoir pitié de mon âme. »
Bernard se rendit, il changea son cœur, et
quelques jours après Humbeline, convertie,
allait « prendre la tunique de laine, coudre,
filer, piocher la terre, couper du bois, arracher des herbes, gagner son pain dans le
silence, à la sueur de son front, » comme
le moine Herman nous peint les Cisterciennes
de Laon, à cette même époque, imitant en
tout la vie des cénobites de Clairvaux. Le
monastère de Juilly, néanmoins, n'a pas été
la première maison de femmes de l'Ordre de
Cîteaux, c'est l'abbaye de Tard, près Dijon,
où finirent leur vie les épouses de ces trente
gentilshommes qui avaient suivi saint Bernard au cloître, attirées par son éloquence,
veuves, dont les maris n'étaient pas morts (1).
Plus tard, d'autres maisons s'ouvrirent, Saint-
Antoine à Paris, Sainte-Catherine près d'An-

---

(1) Expression de saint Bernard.

gers, le Gif, Maubuisson, Leyme près Cahors, la Seauve au Puy, Val-Sauve à Usez, Salenques à Toulouse, semblables à la première, où se sanctifièrent dans la prière, la mortification et le travail, de pieuses filles : Asceline, qui reçut du ciel le don des larmes ; Julienne, qui récitait neuf fois le jour, par dévotion particulière, le *Magnificat*, en l'honneur des neuf mois que le fils de Dieu passa dans le sein de sa mère, et qui s'étaya d'une vision pour demander à l'Eglise l'institution d'une fête, établie plus tard, en l'honneur du Saint-Sacrement ; Lutgarde ensuite qui, si nous en croyons les annales de Cîteaux, délivra par ses prières l'âme d'Innocent III brûlant au purgatoire, et obtint, par un jeûne de sept ans, l'extinction de l'hérésie albigeoise : Jésus-Christ l'en aurait assurée luimême, en essuyant ses larmes de ses propres mains.

Enfin, quand Dom Augustin accueillit, à la Val-Sainte, les membres épars de nos Congrégations religieuses qui, chassées de leurs foyers, trouvèrent un asile dans les montagnes, alors hospitalières, de la Suisse, Mlle de Lestrange, sa sœur, Mme de Châteaubriand, et la princesse Louise Adélaïde de

Bourbon-Condé, commencèrent, sous la direction de Mère Augustine-Rosalie de Chabannes, le 14 septembre 1796, à la *Sainte Volonté de Dieu*, sur les bords de la Riédra, près la Val-Sainte où étaient leurs frères en religion, le premier établissement de sœurs Trappistines qui n'est, on le voit déjà, que l'Ordre de Cîteaux, sous un autre nom.

Ici commence pour la Trappe un exil dont je ne dirai pas les douleurs, trop cruelles à rappeler, humbles sœurs, allant à pied, bivouaquant dans les bois où elles trouvaient quelquefois un tapis de mousse qui leur servait de couche, et une pierre pour tout oreiller; toujours fugitives, de Suisse en Allemagne, pour y vivre d'aumônes, d'Augsbourg en Autriche, pour y être insultées par les Joséphistes, de Vienne en Russie, pour y geler de froid, à 32 degrés au-dessous de zéro, et s'embarquant pour être jetées par la tempête sur les côtes de l'Angleterre, où lord Arundel les accueillit à Stape-Hill, près Lulworth, dont le couvent existe encore. La Providence, dans ses desseins mystérieux, leur avait dit, comme à Abraham : « Sortez » de votre maison, quittez votre pays..... » je ferai de vous la source d'un grand peu-

» ple, » et obéissant à ces ordres, la Trappe, fière de ses malheurs, a passé dans chaque nation, édifiant les peuples au spectacle d'un moine fidèle à ses vœux et martyr de sa fidélité. Aussi « la haine des persécuteurs a tourné à son avantage, dit Gaillardin, elle a fait d'une communauté exilée une Congrégation nouvelle, d'une maison secondaire le centre d'un grand Ordre, » qui possède déjà en France plus de vingt monastères.

Notre-Dame de Blagnac est l'un des derniers qui ont été fondés. Nous allons, sans toutefois violer la clôture, y introduire nos lectrices, les initier un peu aux secrets de la vie domestique, leur montrer l'intérieur d'un couvent de Trappistines.

Entrons.

Le portail est surmonté de la croix de saint Benoît, miraculeuse dans son origine, merveilleuse dans ses effets, et dont la dévotion, autorisée par les papes Léon IX, Benoît XIV, et Grégoire XVI, a été reconnue puissante contre le démon, et efficace contre les maléfices, comme le disent ces majuscules mystérieuses gravées en croix et en ellipse. C. S. P. B. Croix du saint Père Benoît. C. S. S. M. L. Croix sacrée, sois ma lumière. D. N. S. M. D. Dragon ne sois pas mon guide. V. R. S. N. S. M. V—S. M. Q. L. I. V. B.

Retire-toi, Satan, cesse de me tenter ;
Garde bien ton poison, je n'y veux pas goûter.

La croix de saint Benoît, aujourd'hui imprimée sur médaille, est dans l'Ordre l'objet d'une dévotion portant indulgences, comme ces *Agnus Dei*, à Rome, que le pape consacre solennellement, en leur donnant la vertu de chasser les démons et de préserver des mauvais orages. Les inscriptions se multiplient à l'entrée du couvent, où chaque muraille porte sa sentence biblique, organe muet qui sait parler sans enfreindre le silence et dire même beaucoup en peu de mots : HEUREUX CEUX QUI HABITENT DANS VOTRE MAISON, SEIGNEUR, ILS VOUS LOUERONT DANS LES SIÈCLES DES SIÈCLES... J'ÉCOUTERAI CE QUE LE SEIGNEUR MON DIEU ME DIRA AU FOND DU COEUR, CAR IL ME FERA ENTENDRE DES PAROLES DE PAIX..... JE CHANTERAI ÉTERNELLEMENT LES MISÉRICORDES DU SEIGNEUR..... JE VOUS AI CHOISIS ET SÉPARÉS DU MONDE AFIN QUE VOUS PORTIEZ DU FRUIT, ET QUE VOTRE FRUIT DEMEURE PENDANT L'ÉTERNITÉ.... SI QUELQU'UN VEUT VENIR APRÈS MOI, QU'IL RENONCE A LUI-MÊME...

LA VOIE QUI MÈNE A LA VIE EST ÉTROITE... IL EST DOUX POUR DES FRÈRES DE VIVRE DANS L'UNION ET D'HABITER SOUS LE MÊME TOIT..... LE SEIGNEUR EST LA PART QUI M'EST ECHUE EN HÉRITAGE.

Ces maximes chrétiennes, empruntées à la Sagesse divine, matière à sarcasmes pour ceux qui ne voient dans la croix qu'une folie, et bel argument oratoire pour ceux qui ne voient dans l'Evangile qu'une utopie sublime, ont servi de base à saint Benoît pour faire, non une thèse spéculative, mais une règle pratique qui en recherche l'application, qui ne se contente pas de parler à l'esprit ou au cœur, une règle qui atteint le corps en érigeant ces maximes en loi (1).

---

(1) Un écrivain qui a visité Aiguebelle a trouvé, à l'entrée du cloître, ces trois mots écrits : LA MORT, LE JUGEMENT, L'ÉTERNITÉ. Ce sont, dit-il, trois gendarmes qui gardent le monastère, et il ajoute ce trait à l'appui de sa réflexion :

« Nous avions aperçu au chœur un religieux des plus vénérables, portant sur sa tête une triple couronne de vieillesse, de bonté et de vertu. Dans le monde, il avait possédé une brillante fortune : il avait été préfet, il avait été député, il avait de nombreux amis qui étaient heureux de passer dans son château quelques jours de bonheur, et cependant, las et fatigué de toutes les humaines grandeurs, un jour il partit pour Aiguebelle.

... A cette nouvelle, grande fut la désolation de tous ceux qui l'aimaient. Ils coururent sur ses pas, mais déjà il avait revêtu cette

Les Trappistines suivent cette règle de saint Benoît partout, et à Blagnac, sous la direction intelligente de la Révérende Mère Hildegarde qui a su, en moins de quatre ans, réunir, sous son obédience, plus de cinquante sœurs. Son nom, son origine et sa naissance me rappellent une femme célèbre au douzième siècle, noble Allemande, sainte Religieuse, Cistercienne aussi, qui échangea des lettres avec saint Bernard, écrivit à plusieurs papes, reprit publiquement le clergé de Cologne, interpréta la Bible sans trop savoir la lire, et annonça l'avenir d'après le style, la hardiesse et l'autorité des prophètes antiques, au jugement du concile de Trèves (1). On le voit, en entrant au couvent, vous renoncerez à votre

---

robe sous laquelle il se trouve plus heureux que sous les décorations qui ornaient jadis sa poitrine... On le presse, on le conjure de retourner au sein de sa famille : « Je ne le puis. » On insiste : « Je ne le puis, vous dis-je, trois gendarmes m'empêchent de sortir, ne les avez-vous pas vus? Ils sont à la porte du monastère. — Non sans doute ; ils s'étaient probablement cachés ; mais il est donc vrai, votre Trappe est un bagne ! » Le bon Trappiste sourit à ces mots, et, après avoir joui quelques instants de la perplexité de ses amis, il leur dit : « Eh quoi! n'avez-vous pas lu, en entrant, ces trois mots : LA MORT, LE JUGEMENT, L'ÉTERNITÉ ? Voilà les trois gendarmes qui m'empêchent de sortir. » Il a persévéré dans sa vocation.

(1) Sainte-Hildegarde, abbesse de Saint-Rupert, en Allemagne.

nom de famille, mais, en échange, vous pourrez toujours en trouver un autre en religion, qui sera plus noble, plus antique et plus glorieux, le nom d'une sainte bien autrement honorable à porter.

Les Trappistines sont gouvernées aujourd'hui par des Mères Prieures, élues pour trois ans, et non plus à vie comme les Abbesses du moyen âge; elles vivent en communauté et non en cellules, de la vie cénobitique préférable en tout à la vie érémitique, qui ne permet pas, disait saint Basile, d'accomplir au désert les vertus chrétiennes, l'humilité, la charité, la miséricorde et l'obéissance. Au contraire la cénobite obéit à une règle, en compagnie d'autres religieuses qui lui enseignent l'une la patience, l'autre la douceur, une troisième le silence, toutes choses qui ne s'apprennent pas sans maître.

« Ici, dirai-je en empruntant à saint Grégoire de Nazianze les charmes de son style, sous les lois d'une discipline invariable, la vie entière se passe dans le jeûne, dans la prière et les larmes; le silence des nuits n'est interrompu que par les soupirs de la pénitence ou par les chants de divers cantiques qui s'élèvent au ciel pour bénir le Seigneur et répandre dans toutes les âmes les saintes ardeurs de la componction. Ici l'extérieur répond à la tendre piété dont les cœurs sont enflammés : vêtement simple, oubli de toute recherche, démarche grave, uniforme ; rien de dissipé dans le regard ; sourire gracieux sur les lèvres, ne permettant jamais au rire d'éclater ; entretiens auxquels la raison préside, mêlés, quand il le faut, soit d'éloges qui encouragent au bien, soit de reproches sans aigreur ou de charitables avis, préférables à la louange. C'est un heureux assortiment de condescendance et de sévérité, les charmes de la solitude dans une vie commune, et les secours d'une vie commune au sein de la retraite. On y trouve même le dédommagement de ses sacrifices, la vraie richesse dans la pauvreté, la vraie possession dans le manque apparent de tout, la vraie gloire dans le mépris de la gloire, la force dans l'infirmité et la fécondité dans le célibat. »

III.

LE NOVICIAT.

Le noviciat, conseillé par la prudence naturelle et établi par des lois ecclésiastiques, est ce temps, plus ou moins long, qui précède la profession, pendant lequel on éprouve sa vocation, avant de se lier par des vœux.

Chaque état a le sien, quelque nom qu'on lui donne, stage, surnumérariat ou apprentissage ; la vie elle-même a son noviciat, les années d'enfance, qui servent à former l'homme, en l'instruisant par des leçons, l'encourageant par des récompenses, le corrigeant même par des châtiments.

Il importe d'étudier sa vocation, de la mettre à l'épreuve et d'entrer surtout dans la voie où Dieu nous appelle, religieuse ou séculière, sous peine de se jeter dans l'inconnu et de se préparer un avenir, dont on ne peut prévoir l'issue, semblable à ces astres errans qui vont à l'aventure, sans orbite déterminée, jouets de toutes les influences, longtemps ballottés à droite et à gauche, pour être jetés un jour on ne sait où... Une vocation manquée ne peut promettre à la Religion et à la société qu'un fléau destructeur, menaçant comme une comète, un révolutionnaire ou un apostat.

Les Ordres religieux ont eu leurs moines réfractaires et des religieuses infidèles, violatrices de leurs vœux ; mais ces cas sont bien rares aujourd'hui, grâces à l'abolition de ce droit d'aînesse qui faisait de chaque père de famille, au moyen-âge, un Abraham ou un Jephté, et à la durée du noviciat récemment étendue encore par un décret du Saint-Siége.

On n'offre plus les enfants à Dieu dans les monastères, comme on le faisait à une autre époque, en enveloppant la main du nouveau Samuël dans le voile de l'autel, après l'avoir déshérité d'avance de tous biens, présents et à venir, pour l'obliger ainsi à garder des vœux qu'il n'avait pas faits; mais l'excès contraire a prévalu : on s'oppose aux vocations naissantes, on cherche même à les tuer dans leur germe; et si, malgré nos injustes calculs, il en éclôt quelqu'une au souffle de la grâce, on en gêne l'exécution, on en arrête la réalisation, au risque de tout compromettre, en faisant avorter les desseins du Très-Haut. — Imprudents, prenez garde, Dieu a le moyen de vous la ravir, cette fille que vous lui refusez, de vous punir même en vous la laissant. — Quant à vous, enfants, l'Evangile vous dit : Il vaut mieux obéir à Dieu qu'aux hommes ; arrachez l'œil qui vous scandalise; coupez ce membre qui vous gêne; sacrifiez tout à votre âme; allez, on vous dira, c'est de la cruauté, et vous répondrez avec saint Jérôme, c'est de la piété. Voici à l'appui de votre généreuse résolution, un pieux exemple emprunté à saint Ambroise et traduit par Bourdaloue :

« Une jeune chrétienne eut à lutter un jour, non contre les persécutions de la foi, mais contre la chair et le sang, contre ses proches. Elle se trouvait sollicitée d'une part à s'engager dans une alliance qu'on lui proposait, et de l'autre, inspirée de prendre aux pieds des autels le voile sacré. — « Que faites-vous, » dit cette généreuse fille à toute sa parenté » qui la pressait, et pourquoi perdre vos » soins à me chercher un parti dans le monde : » je suis déjà pourvue. Vous m'offrez un » époux et j'en ai choisi un autre. Donnez-» m'en un aussi riche, aussi puissant et aussi » grand que le mien, et alors je verrai quelle » réponse j'aurai à vous faire. Mais vous ne » me présentez rien de semblable, car celui » dont vous me parlez est un homme, et celui » dont j'ai fait choix est un Dieu. Sachez-le » donc, vouloir me l'enlever ou m'enlever » à lui, ce n'est pas établir ma fortune, c'est » envier mon bonheur. » Ces paroles touchèrent tous les assistants, chacun versait des larmes, en voyant une vertu si ferme et si rare dans une jeune personne ; et quelqu'un s'étant avancé à lui dire que, si son père eût vécu, il n'eût jamais consenti à cette résolution : « Ah! répliqua-t-elle, c'est pour cela » peut-être que le Seigneur l'a retiré ; c'est » afin qu'il ne servît pas d'obstacle aux ordres » du ciel et aux desseins de la Providence sur » moi. »

LE NOVICIAT.

Le noviciat est ordinairement précédé de cette grande lutte contre la chair et le sang qu'un amour aveugle ne manque jamais de susciter, la première des épreuves qu'une vocation religieuse ait à subir, la plus décisive même, car après cette victoire sur la nature, on peut le dire, le monde est vaincu. La vocation aura son cours, la porte du couvent s'ouvrira, vous entrerez sans regarder en arrière, tout autre sacrifice sera aisé, tout fardeau léger, tout renoncement facile. Vous quitterez sans regrets les livrées du monde, vous laisserez tomber votre chevelure sous le ciseau, et après ce dépouillement complet, la prise d'habit, la vêture, sera pour vous un jour de fête.

Chaque Ordre a un costume, invariable, historique, et souvent pittoresque, qui sert à distinguer, d'après la couleur de l'étoffe, blanche ou noire, grise ou bleue, d'après la forme de la coiffure, d'après la coupe de la robe, la Sœur de Charité d'une Sœur de Nevers, la Bénédictine d'une Sœur Augustine et la Carmélite d'une Cistercienne. Ici mon sujet exige que je montre au public la toilette d'une Sœur Trappistine : c'est un voile noir sur la tête, pouvant couvrir la moitié du visage, un bandeau sur le front, une guimpe blanche qui prend le cou et la poitrine, sans empois, ni plis, ni façon ; une chemise de serge blanche, une robe en dessus sans échancrure à la taille, un scapulaire noir, une ceinture de cuir et une coule à longues manches dont je dirai la mystérieuse origine, d'après la légende.

Un ancien Abbé de Citeaux, saint Albéric, dévot à la Sainte-Vierge, eut une vision : un jour, prosterné devant sa statue, il venait de lui consacrer son Ordre, de se dévouer à la Reine du ciel, et la Sainte-Vierge lui apparut, vêtue de blanc et portant dans ses mains un manteau semblable au sien dont elle revêtit le pieux Abbé.

Cette tradition explique comment le Cistercien est vêtu de blanc, quoique fils de saint Benoît ; comment il a renoncé à la cuculle noire pour prendre la coule blanche et pourquoi chaque couvent de l'Ordre se trouve placé sous le patronage de Notre-Dame, dont les Trappistines, fidèles à ces antécédents, s'honorent de porter les armes et les couleurs.

On disait au temps de Fleury : Pourquoi le religieux affecte-t-il un extérieur aussi singulier dans son habit, à quoi bon se tant distinguer dans des choses indifférentes...? C'est vouloir évidemment frapper les yeux du peuple pour s'attirer des respects et des bienfaits... Et Fleury répondait judicieusement : On juge mal, faute de connaître l'antiquité, car il suffit d'étudier les mœurs antiques pour en retrouver les restes dans l'habillement des moines. La tunique autrefois était le vêtement du pauvre; la cuculle servait de capot au paysan et le scapulaire d'habit à l'ouvrier obligé par état de porter des fardeaux sur ses épaules; le nom le dit tout seul, d'après son étymologie latine. On le saura maintenant, c'est le monde qui a changé et non le religieux qui a gardé fidèlement l'antique costume de saint Benoît : l'un obéit à la mode et l'autre à sa règle. La religieuse, néanmoins, dont la piété découvre partout une idée mystique, voit dans son habit autre chose qu'un vêtement antique; elle trouve dans son voile l'image de celui qui servit à essuyer la face du Sauveur; dans son scapulaire, s'élargissant aux épaules pour atteindre les bras, la représentation de la croix de Notre-Seigneur, ce qui explique pourquoi elle le porte sans cesse, même au dortoir, sans le quitter jamais, ni le jour, ni la nuit; et dans sa coule blanche, les six ailes d'un séraphin, au dire de Boniface VII, voilant la tête des deux premières, les bras des deux autres et couvrant des deux dernières le reste du corps.

Avant de revêtir le saint habit, la postulante devra passer trois mois dans la communauté, sans jamais donner preuve de tête faible, de mauvais caractère, d'esprit faux, inconstant, original, mélancolique, scrupuleux ou indocile.

Le monastère n'étant pas suffisamment doté, on exige de la postulante une faible dot qui doit être payée avant la profession, le strict nécessaire à son entretien pour qu'elle ne soit pas à charge à la maison.

« On apporte à la réception des postulantes l'attention la plus sévère et la plus scrupuleuse. Plaignant, sans nul doute, les personnes de leur sexe qui se sont laissées aller à des égarements, dont le plus léger est toujours pour elles un opprobre, les supérieures n'admettent aucune postulante dont la réputation serait flétrie. Les Trappistines sont presque toutes de jeunes personnes qui se sont retirées du monde avant de l'avoir connu et qui cherchent dans le cloître un port contre les dangers à venir ; mais l'Ordre n'est pas pour elles un asile après un naufrage essuyé. » Ces précautions étant prises, la supérieure, après avoir recueilli les suffrages de la communauté, au scrutin secret, admettra à la prise d'habit celles qui auront obtenu la majorité des voix; et c'est du jour de la vêture que commence le noviciat, qui doit durer au moins un an et un jour.

Nous garantissons l'exactitude de ces détails. Mais ici la règle se tait et laisse la supérieure juge des épreuves qu'il sera prudent d'imposer à la jeune novice, avant de l'admettre à la profession.

Il ne faut pas se le dissimuler, l'année du noviciat donne plus d'épines que de roses, soit parce que les commencements sont toujours difficiles, soit parce qu'il faut rompre avec d'anciennes habitudes, acheter par des sacrifices le droit de s'appeler Trappistine, faire preuve d'humilité, d'obéissance et d'abnégation complète, en un mot, faire l'apprentissage du martyre, avant d'être admise à l'école du Calvaire, où le Crucifié enseigne à ses disciples une passion nouvelle qu'on peut appeler la passion de la croix, et fait de chaque Sœur un autre Christ marqué aux stigmates de la pénitence.

Chaque jour de noviciat amène son épreuve donnant occasion de dompter sa nature, de se corriger aujourd'hui d'un défaut, demain d'un penchant et d'obtenir, une à une, les vertus qui feront la bonne Trappistine.

Je voudrais bien pouvoir ici satisfaire la curiosité de mes lectrices, en racontant quelques-unes des épreuves que les novices ont à subir ; mais c'est un secret d'intérieur, un de ces mystères sacrés connus seulement des initiées et cachés au vulgaire qui, ne sachant en comprendre la haute signification, pourrait en profaner la sainteté.

J'en dirai un exemple, l'humiliation imposée à Louise de Condé, qui avait été déjà Abbesse de Remiremont en Lorraine, lorsqu'elle se présenta, comme postulante, à la Trappe. Désireuse d'essayer le travail des mains, d'y soumettre ses doigts aristocratiques, elle fit demander humblement quelques linges d'église à réparer. Mais on lui répondit sans ménagement qu'il n'y avait plus de princesse à la Trappe, et on lui donna une douzaine de vieux chaussons à ravauder. La nouvelle Sœur, Marie-Joseph, se mit à l'œuvre en souriant, sans vanité, sans amour propre, sans rancune, et la fille des Condé ajouta à l'illustration de sa race, l'héroïsme de l'humilité religieuse.

Je puis citer un second trait heureusement devenu public, qui, quoique arrivé dans un monastère de religieux, servira encore à faire connaître ce que l'on peut, au besoin, exiger d'une religieuse, en donnant une idée de la sévérité des épreuves au noviciat de la Trappe.

Un journal de Londres racontait naguère qu'un Anglais de distinction, presbytérien, voyageant en France, avait manifesté le désir dans une visite à la Trappe, de voir les frères du couvent. L'Abbé lui présenta successivement plusieurs religieux voués à un silence perpétuel. L'un d'eux avait été admis récemment par suite d'un vœu qu'il avait fait de se consacrer à Dieu, dès qu'il serait libéré du service, et le Père Abbé, en le désignant, dit à l'Anglais : « Vous voyez ici, Mylord,
» un malheureux soldat qui ayant eu grand
» peur du canon à l'attaque de Sébastopol, a
» déserté son rang de bataille et son drapeau
» et est venu ensuite, depuis son retour en
» France, se cacher dans notre Ordre. » A ces mots, le moine changea de couleur, ses yeux devinrent brillants comme deux escarboucles, la colère et la fierté s'y dessinaient

en traits de feu, un combat terrible se livrait dans son âme, sa physionomie était altérée, ses mains crispées s'ouvrirent toutes larges, il leva les bras...; mais fixant tout-à-coup le Crucifix, il joignit les mains, tomba humblement à genoux devant l'Abbé et se retira pâle et silencieux de la salle. L'Anglais ému, demanda au Père Abbé, pourquoi il avait si durement accusé ce soldat repentant de sa conduite et l'expiant sous tant de privations :
« Mylord, répondit l'Abbé, je l'ai fait pour
» vous prouver l'empire que la vraie Religion
» peut exercer sur l'homme qui a la foi. Ce
» bon frère a été au contraire l'un de nos
» meilleurs soldats en Crimée. Vous avez vu
» le combat qu'a excité en lui ma fausse ac-
» cusation et vous avez été témoin de sa
» résignation et de son humilité. » — « C'est
» sublime ! » a répondu l'Anglais, qui vient de se convertir à la foi catholique.

IV.

LA PROFESSION.

Le noviciat cesse à la profession, le jour où la religieuse, assez éprouvée, se lie par serment et prononce ses vœux. L'Evêque, à qui il est réservé spécialement de recevoir les novices à profession, doit l'interroger sur ses sentimens, constater sa pleine et entière liberté, recevoir même sa déposition par écrit. La probation étant finie, la supérieure la présente une seconde fois aux suffrages de la communauté, qui décide de l'élection par boules blanches et noires, prononçant en dernier ressort sur les mérites de la novice, qui doit réunir les deux tiers des suffrages pour avoir le droit de devenir membre de la nouvelle famille. La novice donc est à la veille de ses vœux, libre encore, mais ordinairement pressée de jeter sur elle les liens d'une servitude volontaire qui la mettra dans l'heureuse gêne d'offenser son Dieu.

Il est nécessaire, ce me semble, avant d'aller plus loin, de répondre à une objection qui tend à condamner les vœux, à les regarder comme contraires même aux intérêts de notre âme, préjudiciables à notre salut, qui n'en deviendra, dit-on, que bien plus difficile, si on a le malheur ensuite de faire une faute, car plus on se lie, plus on s'oblige; le péché d'une religieuse sera bien plus grand que le péché d'une simple femme.

Ecoutez une similitude de saint Anselme :

Un jour deux serviteurs se présentèrent à un maître. L'un deux lui dit : « Je veux vous
» servir avec dévoûment, fidélité et obéis-
» sance; mais je ne me donne pas à vous
» irrévocablement, je veux rester libre de
» vous quitter demain, si je le désire. » Le second, au contraire, lui dit : « J'aime votre
» commandement, je vous promets fidélité
» et sujétion, j'obéirai à vos ordres aujour-
» d'hui, demain, toujours. » Or, il arriva

que tous deux, infidèles à leur devoir, se présentèrent une seconde fois à leur maître pour lui demander pardon. Le maître dit au premier : « Tu as voulu rester libre contre
» moi, et moi je le suis contre toi, tu n'es
» qu'un étranger, je réclame mes droits, tu
» me paieras tout jusqu'à un denier. » Et, changeant de langage, il répondit au second :
« Tu as péché malheureux, il est juste que tu
» sois puni; mais, au lieu de te chasser comme
» cet étranger, je te corrigerai, sans te met-
» tre dehors, tout en te gardant chez moi,
» car tu m'appartiens, tu es membre de ma
» famille. » C'est là, conclut saint Anselme, le jugement que Dieu prononcera envers le séculier et le Religieux profès. Les avantages de la profession ressortent aux yeux de tous, d'après cette similitude, qui montre évidemment que si le vœu grossit le péché, il facilite aussi le compte qu'on aura à rendre et incline nécessairement à l'indulgence le juge dont il a fait un père.

Tous les obstacles sont levés, rien ne s'oppose à sa profession, la Trappistine va contracter ses engagements, mais elle doit en donner avis à sa famille. Comment s'y prendra-t-elle pour adoucir le coup qu'elle va

3

porter à son père et pour essuyer, tout en les faisant couler, les pleurs d'une mère? Il faut l'avouer, la position est difficile, la nouvelle affligeante, et la piété filiale doit, tout en obéissant à Dieu, ménager autant que possible une douleur trop légitime; mais celui qui exige ce sacrifice saura bien guider sa main, conduire sa plume et tourner la phrase de manière, en frappant le coup, à en atténuer la portée. Chaque sœur, au moment solennel, trouvera des termes convenables, propres à annoncer sa résolution sans trop froisser la nature; elle mettra, pour la rendre plus acceptable, elle mettra tout son cœur dans la lettre d'adieu. On connaît celle du P. Ephrem où il disait à son père « qu'il avait bien marchandé avant d'immoler la nature à la grâce, avant de sacrifier à Dieu ses affections domestiques, » cherchant à le consoler au moment où il se voyait forcé de l'affliger, lui demandant pardon de suivre, non ses idées, mais la volonté du Seigneur; lettre admirable, modèle du genre, qu'il comprit néanmoins devoir être impuissante à guérir la plaie et qu'il termine en disant qu'il en appelait de sa douleur à celle du Christ: « Portez vos regards sur le crucifix que vous

» conservez dans votre cabinet, avec tant
» de vénération, et lisez-y ces paroles qui
» sont écrites à ses pieds : *O vous, qui êtes
» affligés, considérez s'il est une douleur pa-
» reille à la mienne.* Cette vue vous consolera. »

Un autre écrivait avec moins de précautions, disant, par post-scriptum, au bas de la lettre qui renfermait ses derniers adieux : « Ma lettre ne devant partir que samedi, ma profession faite, j'y ajouterai une croix comme on en met sur la tombe des morts. †»
En effet ces lettres doivent toutes finir ainsi ; on a beau chercher, préparer le dénouement, ménager la nouvelle et aider le sacrifice ; il faut toujours frapper la victime. Mais Dieu le veut, la Trappistine obéit, et, s'armant de courage, signe la lettre qui va porter le deuil au sein d'une famille déjà éplorée.

Le lendemain on se réjouit au couvent, on bénit Dieu, on chante à la profession d'une novice, qui, heureusement inspirée, va consacrer à Dieu sa virginité par le vœu de chasteté, renoncer à sa liberté par le vœu d'obéissance, se dépouiller de tout par le vœu de pauvreté, et se livrer pour toujours à la Trappe par le vœu de stabilité.

— Mais ne peut-on vivre au sein des villes comme les Religieuses dans la solitude?—Je le voudrais bien, répond saint Jean-Chrysostôme, et plût à Dieu que les gens du monde vécussent de telle sorte que les monastères fussent inutiles ; mais la mer a ses tempêtes, le ciel ses orages, la société ses désordres, le monde ses scandales, contre lesquels il faut à la vierge timide, à l'innocence craintive, à la vertu pudique, un port, un abri, un couvent.

La profession religieuse, comme la célébration des mystères chrétiens, est accompagnée de cérémonies symboliques, qui en révèlent la haute signification. Chaque rite a son sens ; là où le profane ne voit qu'une grimace, l'initié découvre un grand mystère : la liturgie catholique tient de près au dogme dont elle est l'expression, le langage, la forme extérieure, découlant de la même source que lui. Les Us antiques de Cîteaux ont aussi leur caractère sacré et semblent procéder du même principe, l'inspiration du Saint-Esprit ; je n'en voudrais d'autre preuve que l'impression indéfinissable dont on est saisi, en assistant aux offices de la communauté ; l'œil voit, l'oreille entend, et l'âme y trouve bien son compte, le cœur ses émotions; on en sort plus croyant et plus dévot. Le peuple surtout, qui ne sait pas lire dans les livres, comprend bien ce langage qu'il aime, et il suffit de lui annoncer *une cérémonie à la Trappe* pour que ces mots, partout répétés, attirent à la chapelle une foule avide de tout voir et de tout entendre.

Je vais décrire, à l'usage de celles qui ne les ont point vues, les cérémonies de la profession, d'après le rituel de l'Ordre.

Le jour étant venu, on prépare sur une table dressée, proche la grille du chœur, les habits que le prêtre doit bénir, la coule blanche, le scapulaire, le voile et la ceinture de cuir. Le célébrant commence la messe, chantée par les Religieuses de chœur, d'après l'antique tonal de saint Bernard; et l'évangile terminé, le prêtre, son organe vivant, commente la parole sacrée dans un sermon qui impressionne toujours, sans qu'il soit nécessaire que l'orateur s'appelle Bossuet, et la novice, duchesse de la Vallière. Avant le discours, le prêtre se présente à la grille, vêtu de ses ornements sacerdotaux, la nouvelle élue se prosterne devant lui, il l'interroge :
— « Que demandez-vous ! — Je demande

la miséricorde de Dieu et de l'Ordre. — Levez-vous au nom du Seigneur, » répond le célébrant, et le sermon terminé, il entonne l'hymne au Saint-Esprit, que le chœur continue, les religieuses tenant toutes un cierge dans leurs mains. Après l'invocation, la novice lit à haute voix l'acte de sa profession, écrit de sa main et signé du nom nouveau qu'on lui a donné, promettant à Dieu, selon la formule, obéissance, chasteté et pauvreté dans la clôture d'où elle ne doit plus sortir, accompagnant chacun de ses vœux d'une prostration à deux genoux ; après quoi elle va recevoir le baiser de ses sœurs.

Ici commence une cérémonie émouvante, l'absoute des morts prononcée sur une personne vivante, symbole de son dépouillement volontaire. La novice se prosterne à terre, s'allonge et demeure couchée sur la face, pendant que l'officiant prononce sur elle des paroles funèbres, en harmonie avec ces obsèques mystiques, comme s'il priait sur un cercueil. Enfin la morte se relève et va recevoir des mains de sa mère, qui lui ôte l'habit de novice, le scapulaire, la ceinture, la coule et le voile noir que l'officiant vient d'asperger d'eau bénite. Ceci s'appelle, en termes vulgaires, se dépouiller du vieil homme et se revêtir du nouveau : c'est la mort suivie du retour à la vie.

La profession a toujours ces deux caractères : on meurt au siècle pour se consacrer à Dieu, on renonce à l'un pour se donner à l'autre, on rejette un parti pour en épouser un autre; rupture et serment, refus et fiançailles, répudiation du monde pour convoler à d'autres noces, et la cérémonie se termine en mettant une couronne blanche sur la tête de la nouvelle épouse du Christ.

On peut le remarquer, l'Eglise en recevant une profession, reproduit, en partie, dans la consécration d'une Trappistine, les cérémonies du Baptême : elle lui impose un nouveau nom, provoque d'autres renoncements, reçoit de nouvelles promesses et lui donne une seconde robe, blanche comme la première, en lui recommandant de la présenter un jour sans taches au tribunal de Dieu. Frappés de cette analogie mystérieuse et significative, les Pères ont appelé la profession religieuse un second Baptême, obtenant, comme le premier, la rémission de tous les péchés, de la peine même due au péché. Saint Thomas en donne la raison :

« Si, d'après Daniel, l'aumône rachète les péchés, à plus forte raison la profession religieuse, qui est le don de toute sa personne, l'aumône par excellence, qui surpasse tout genre de satisfaction, comme l'holocauste surpasse le sacrifice, devra-t-elle nous acquitter devant Dieu. » Un moine disait : « J'ai vu, au jour de sa profession, une vertu sacramentelle se reposer sur ma sœur. »

La Trappistine vient de faire ses vœux, de jurer sa foi au chaste époux des Vierges, et Jésus-Christ lui a donné le baiser de paix. On lit ce trait dans Ménard, abbé de Morris :

Un jour, saint Bernard priait, prosterné devant un autel, et une grande croix chargée de son Christ vint se présenter à lui et s'étendre à ses pieds, sur les dalles du sanctuaire. Notre saint s'approcha pour l'adorer et la baiser dévotement, lorsque le crucifix détacha ses bras par miracle, l'étreignit amoureusement et le pressa sur son sein. Le prodige se renouvelle toujours, quoique d'une manière invisible, le jour où une vierge se consacre à Dieu par la profession religieuse ; Jésus-Christ ouvre ses bras pour la recevoir et la placer à côté de lui, époux mystique, sur le lit de sa croix.

V.

LA JOURNÉE D'UNE TRAPPISTINE.

Il est un proverbe qui dit : *Les jours se suivent et ne se ressemblent pas;* ce qui peut être vrai pour l'homme vivant dans le monde, au milieu des affaires; mais pour la Religieuse qui doit s'occuper incessamment du salut de son âme et travailler à cette unique affaire, le lundi comme le mardi, le mercredi comme le jeudi, les jours se suivent et doivent se ressembler; je n'ai donc qu'à détailler la journée d'une Trappistine pour analyser les semaines, les mois, et les années de sa vie.

La Trappistine se lève de grand matin, vers les deux heures, ne prolongeant jamais ses nuits au-delà de ce terme, en sacrifiant inutilement une heure de plus au sommeil. Quand le réveil a sonné, elle quitte sa couche sans regrets, matineuse comme l'Israélite nourri miraculeusement au désert, qui devait devancer le soleil pour cueillir la manne, matineuse comme le Christ sortant du tombeau, à la première aube du jour de Pâques.

Mais il est bien difficile, dit la nature indolente, de s'arracher promptement, sans violence, à la douce chaleur d'un mol édredon ; la tête est bien lourde, quand, encore appesantie par le sommeil, on veut la soulever de son oreiller ; les bras sont bien paresseux et le corps bien pesant, quand, après une longue nuit, il faut descendre de son lit et quitter ces coussins où voluptueusement couché, on passerait bien une heure encore. On a peur de la lumière, et on n'ouvre les yeux qu'à demi ; on tire ses bras et l'on bâille ; on voudrait se lever et l'on hésite ; on fait un effort, on se soulève, mais on retombe, l'œil se referme, on s'endort. C'est vrai, mais la Trappistine qui ne dort pas sur la plume, n'a jamais senti la puissance irrésistible de cette douce tyrannie ; jamais elle n'a succombé dans une lutte matinale avec le sommeil ; jamais, à moitié levée déjà, elle n'est retombée vaincue sur une couche, qui peut servir sans doute de lit à la fatigue, mais non de coussin à la mollesse, d'oreiller à la paresse.

La vie est assez courte pour ne pas l'abréger encore; la journée passe trop vite pour ne pas la commencer de bonne heure, pour ne pas en utiliser tous les instants et il me semble que l'homme étant le premier être de la création, doit être aussi le premier à se réveiller, le premier debout, le premier à faire à Dieu sa prière, avant que la fleur ouvre sa corolle, avant que la plante redresse sa tige, avant que l'oiseau chante son hymne matinal. L'œil s'ouvre au matin, nos sens assoupis se raniment, notre langue se délie; le souffle de Dieu passe sur nous, comme il passa jadis sur le visage d'Adam, pour lui donner la vie; il est tout naturel que notre premier mouvement soit pour Dieu, que notre premier sentiment se dirige vers le Très-Haut, que notre première parole soit pour lui.

La Trappistine commence donc sa journée par la prière; cinq minutes après son lever, elle est au chœur, récitant l'office de la Sainte Vierge, consacrant ainsi la première heure au culte de sa patronne. La méditation vient ensuite replier ses pensées sur elle-même et la psalmodie sainte de Matines, et Laudes suit ce pieux exercice, comme pour mieux purifier ses lèvres et préparer sa bouche à recevoir le sacrement de l'Eucharistie qui est l'âme de sa dévotion. Les Sœurs ne communient pas tous les jours, par respect plutôt que par indignité, mais la règle permet les communions fréquentes en compensation, en dédommagement des autres sacrifices qu'elle leur impose. La messe vient après le chant de l'office canonial prolonger, jusqu'à l'heure du travail, l'oraison du matin qu'elle termine.

Le travail est la loi de la nature et la punition de notre péché. Quand Dieu créa le monde, il assigna à chaque être son rôle et le fit conforme à cette destination. Il suffit d'étudier l'organisation de chaque créature pour en comprendre facilement l'aptitude, ce pourquoi elle est faite, le bœuf pour le labour, le chameau pour le désert, et le cheval pour la course.

Ainsi, Dieu nous a donné des bras; ce n'est pas, évidemment, pour les croiser l'un sur l'autre; il nous a donné des mains, ce n'est pas pour les tenir toujours cachées dans un gant; il nous a donné des nerfs et du sang, de la force et de la vigueur, ce n'est pas pour les laisser s'user dans le repos, comme le fer sous la rouille qui le ronge. Moïse, dans son récit de la création, a soin de nous le dire : après les avoir créés, Dieu voulant rendre l'homme et la femme heureux, les plaça dans un jardin pour y travailler la terre. Mais le travail qui était alors un passe-temps, une simple occupation, un attrait, n'est plus aujourd'hui qu'une charge, une fatigue et un ennui. Une grande révolution a eu lieu ; le souffle brûlant de la colère de Dieu a passé sur la terre, desséchant tout jusqu'à la fécondité native du sol, et l'homme depuis ce jour, s'il a voulu manger et vivre, a dû la travailler à la sueur de son front ; et le travail, qui n'aurait été qu'une distraction pour nous, sans le péché, est devenu, après, une punition.

La Trappistine se soumet à cette loi, l'acceptant dans toute sa rigueur, la pratiquant dans toute sa vérité : fille de saint Benoît, qui faisait du travail de la terre la condition de la vie monastique, elle gagne le pain qu'elle mange sans le devoir à personne, comme tant d'oisifs, véritables sangsues sur les épaules du genre humain, qui ne font que consommer ici-bas sans rien rapporter, dépenser sans jamais produire. Le soleil la trouve toujours à sa place, cultivant la terre une bêche à la main, promenant la brouette devant soi, filant du chanvre une quenouille au côté, employant l'aiguille à la couture, rarement à la broderie (1), soignant les troupeaux, pétrissant le pain, chauffant le four, maniant le balai, se prêtant, en un mot, à toutes les nécessités d'un ménage, lessive, ravaudage, métier quelconque; laborieuse à l'atelier, active dans les champs et silencieuse à l'ouvroir.

La Trappistine, qui ne cesse jamais d'occuper pieusement son esprit, en travaillant des mains, pour sanctifier chacun de ses moments, pense à Jésus, le fils du charpentier, modèle de l'ouvrier, humble apprenti dans l'atelier de Joseph; elle pense surtout à Marie, ouvrière aussi, qui s'occupait, femme de ménage, non point de la broderie sur le

---

(1) Cependant, les Trappistines de Lyon s'occupent spécialement de ce genre de travail, en faveur des églises qui leur adressent des commandes. Placées au centre de l'industrie lyonnaise, elles peuvent prendre en fabrique les fournitures à des conditions avantageuses, et faire, à prix réduits, chasubles, chapes, aubes, bannières et dais pour le Saint-Sacrement. Nous avons vu de très beaux ouvrages sur l'or et sur la soie, livrés par elles à 50 p. 100 au-dessous du cours ordinaire.

tulle ou la dentelle, mais d'ouvrages ordinaires, de travaux domestiques, réalisant ainsi la figure biblique de la femme forte, *qui tissait le lin et filait la laine, en faisant tourner le fuseau sous ses doigts.* Il n'en faut pas plus pour soutenir la sœur laborieuse, l'aider dans son ouvrage, la ranimer dans ses défaillances : forte de l'exemple de Jésus et de Marie, elle travaille pieusement de manière à le rendre méritoire et à lui faire rapporter un double intérêt, un produit spirituel qu'elle garde pour elle, et un produit matériel qu'elle laisse à son prochain ; pouvant tout donner dans son désintéressement, se réservant la moindre part, « sobre comme le bœuf qui ne mange que la paille et laisse le grain pour la nourriture de ses maîtres. »

La Trappistine donne à la nourriture de son corps tout le nécessaire, ne lui refusant jamais que le superflu, soit dans la qualité, soit dans la quantité des mets. On sert toujours deux *portions* sur table, au repas du matin et à la collation du soir, de manière à satisfaire la faim sans charger l'estomac. Les douze onces qui suffisaient à Cornaro suffisent aussi à son alimentation ; mais ce qui était hygiène chez l'Italien, sobre par besoin, plutôt que par vertu, doit s'appeler ici pénitence.

Le jeûne donc vient quelquefois rogner encore la portion et déranger cet équilibre, sans jamais toutefois compromettre la santé. Ce jour-là, la Religieuse fait comme le soldat de l'Empire, serre sa ceinture d'un cran, et dit avec autant d'héroïsme et plus de religion : « J'ai bien dîné » en rendant grâces à Dieu.

Saint Paul disait aux Corinthiens : *Il est bon de ne pas manger de viande et de ne pas boire de vin.* La Trappistine, pour qui les conseils bibliques sont des ordres, pratique l'abstinence dans toute son austérité, s'abstient de chair, d'œufs et de poisson, pour ne se nourrir que de végétaux, légumes, racines, herbes ou fruits, comme les hommes qui ont précédé le déluge, comme les patriarches sous la loi de nature, comme l'Israélite, « à qui le lait de ses chèvres devait suffire pour la nourriture et les besoins de sa maison, » malgré qu'il pût manger quelquefois les viandes qui n'étaient pas défendues ; elle sait se contenter des lentilles d'Esaü, quoiqu'elle n'en soit pas aussi friande. Quand la cloche du dîner a sonné, les Trappistines suspendent leurs travaux pour se rendre au réfectoire.

Le repas est servi sur une table sans nappe, entourée de bancs comme la table du pauvre, où les Religieuses s'asseoient pour manger ce qui leur a été servi, sans autre assaisonnement que leur appétit, des haricots, des fèves ou des pois au sel et à l'eau ; des carottes ou des faves, des navets ou des ognons, à leur sauce naturelle ; de l'oseille, de la laitue, ou des épinards en salade, et, plusieurs fois la semaine, du laitage, de la bouillie, du gruau d'avoine et d'orge, de millet et de riz. L'œil n'est pas séduit quand il ne voit qu'une tasse pour verre, que de la vaisselle d'étain, de fer ou de terre pour toute porcelaine, un cruchon pour carafe, une cuillère et une fourchette en bois ; l'odorat n'est pas réjoui quand il n'a pour tout fumet que l'odeur fade de quelques légumes refroidis, et le goût ne peut guère savourer des mets insipides ; mais la mortification arrange tout, rend bon ce qui paraît mauvais et adoucit les eaux amères, comme la baguette de Moïse.

La règle, inflexible pour les Sœurs en santé, tempère ses rigueurs en faveur de celles qui en ont besoin, et accorde le *soulagement* aux Sœurs faibles, le *mixte* aux converses avant le gros travail, et la *pitance* aux infirmes ; ce qui veut dire, du pain blanc aux premières, une soupe aux secondes, et des œufs, de la viande même aux dernières. La règle de saint Benoît accorde à toutes une hémine de vin par jour, mais la Trappistine qui regarde la tempérance comme l'âme de la santé, la fille de la raison et la sœur de la vertu, craint toujours de vider son hémine et cherche à lui faire passer au moins la semaine. Ce régime alimentaire pourra paraître trop rigoureux à bien des gens qui ne vivent que pour manger; il suffit à celle qui ne mange que pour vivre.

La nourriture est frugale mais abondante, simple, mais saine, d'élaboration facile à l'estomac qui n'a pas besoin de se fatiguer pour la broyer comme « chez les amateurs de la bonne chère, ces gastrolâtres modernes dont les organes digestifs sont brûlés et corrodés par d'incessantes ingurgitations de viandes et de boissons irritantes, » dirai-je pour citer une phrase du Trappiste Debreyne, qui compare ces corps-machines ne cessant jamais de fonctionner aux machines compliquées de nos usines, que la multiplicité des rouages et la vélocité des mouvements dérangent, détraquent et brisent souvent.

La Trappistine vit longtemps, fatigue beaucoup, gagne le ciel, et elle doit sa vieillesse, sa vigueur et sa santé en partie à ce régime végétal, qui nourrit sans laisser de la pourriture dans le corps, sans engendrer une obésité énervante et sans engraisser l'impureté. La chair animalise l'homme, le végétal nous purifie; l'un convient aux disciples d'Epicure, l'autre aux disciples de Jésus-Christ qui, si nous en croyons Marie d'Agréda, « ne mangea jamais de la viande, mais seulement des poissons, des fruits, des herbes, et encore même avec une grande sobriété, comme la sainte Vierge. » J'ai cité un texte de saint Paul à l'appui de cette mortification qui consiste à s'abstenir de viande et de vin (1), et je puis ajouter en confirmation un exemple biblique : Elie fuyant la colère de Jézabel, s'arrêta dans le désert pour dormir un instant à l'ombre d'un genièvre, et Dieu lui envoya par un ange un pain cuit et un vase d'eau, et non de la viande et du vin.

Après le dîner, disent les constitutions, on se promène au jardin, une demi-heure pleine, en tenant un livre ou un chapelet à la main; le silence sera si exactement observé

(1) *Bonum est homini vinum non bibere et carnem non manducare.* (Rom., 14, 21.)

pendant cet exercice, qu'on ne parlera pas même à la première supérieure : c'est ce qu'on appelle à la Trappe la récréation.

Après cela, au coup de cloche, chaque Sœur se rend au grand parloir pour y quitter la coule, ou son manteau, et recevoir de la Mère Prieure l'outil qui doit servir au travail du soir. Elle a gagné son dîner, il faut qu'elle aille maintenant gagner son souper, car le moine doit vivre du travail de ses mains, disait saint Benoît, bien persuadé que celui qui ne produit pas n'a pas le droit de dépenser. On peut produire néanmoins sans travailler la terre; l'étude n'est pas moins utile à la société que le labour; mais, il faut le dire, la hotte et la bêche conviennent mieux au plus grand nombre que le livre et la plume. Rancé avait raison sous ce rapport contre Mabillon, dans la violente discussion qui s'engagea entre eux pour et contre le travail manuel. Saint Bernard avait dit avant eux : « Il y a beaucoup à profiter à l'école de la nature; un arbre, une pierre, une fleur peuvent nous instruire mieux qu'un bon livre et un excellent maître. » Le Bénédictin étudie, et le Trappiste cultive le sol, travaille des mains, à l'exemple des solitaires de la Thébaïde ; il est plus moine que le premier dont la vie, moins monastique, nous paraît plus cléricale. Tous deux peuvent s'occuper aussi utilement l'un que l'autre, Mabillon est loin de céder à Rancé ; mais néanmoins la Trappistine me semble plus utile que la sœur Bénédictine, parce que la femme réussira plus en général dans les travaux manuels que dans les œuvres intellectuelles : le dé convient mieux à ses doigts que la plume.

Les Trappistines de chœur, obligées au chant de l'Office canonial, travaillent moins que les Sœurs converses ; elles sont quelquefois à l'église quand celles-ci sont aux champs ; mais cette différence, qui ne les empêche pas d'être sœurs, n'est qu'un moyen pour elles de mieux pratiquer la charité, de se servir l'une l'autre, les premières priant pour les secondes, et les secondes travaillant pour les premières ; c'est un échange réciproque de services qui n'est pas au préjudice de la Sœur converse. Il y a cinq heures de travail par jour en moyenne, plus ou moins, selon les circonstances ou les besoins de la maison ; les jours de jeûne et de pluie en abrégent la durée, comme les diverses nécessités peuvent la prolonger : tout commence et finit au signal de la supérieure qui, plus mère que maîtresse, est la première à se soumettre à la règle.

La journée qui a commencé, on s'en souvient, par une prière à la Sainte-Vierge, la récitation de son Office, finit par une dernière invocation à Marie, le chant du *Salve*. A l'heure de la retraite, du couvre-feu, les Trappistines se réunissent toutes au chœur, pieuse famille, pour donner le salut du soir à leur mère. Il faut avoir assisté à ce saint exercice, il faut avoir entendu ce chant solennel pour en sentir la puissance; il a changé bien des cœurs, opéré plusieurs conversions, celle du Père Ephrem entre autres qui, ravi de l'entendre, ne put résister plus longtemps à la grâce, sentit couler de douces larmes et promit à Dieu de le prendre pour son partage, comme il l'écrivit le lendemain à son père. Les voix sont moins sonores, moins pleines, moins vibrantes dans un couvent de femmes, mais plus tendres, ce semble, plus aimantes, plus chaudes : on dirait que le cœur passe sur les lèvres pour parler lui-même à la Sainte-Vierge. C'est le soir, après une journée bien remplie, sanctifiée dans la prière, le travail et la mortification;

désireuse de bien finir ce qu'elle a bien commencé, la Trappistine redouble de ferveur, donne à sa dernière parole tout ce qu'elle a de vie et achève sa journée en prononçant le nom de Marie, comme elle terminera sa vie en répétant, dans un dernier soupir, ce nom qui est *du miel à sa bouche, de l'harmonie à son oreille, et de la joie à son cœur.*

C'est le moment aussi où la Sainte-Vierge lui prodigue ses grâces, se rapproche d'elle pour la bénir et lui rendre son salut. On connaît le trait de saint Bernard : Il était agenouillé dans une église, à l'abbaye d'Afflighem, récitant aux pieds de la Sainte-Vierge le *Salve Regina* qu'il répéta jusqu'à trois fois. Au troisième salut, dit la chronique, la statue de pierre se serait animée pour lui dire, bonsoir... *Salve, Bernarde.* La statue existe encore, monument de cette pieuse tradition; elle est aujourd'hui à Termonde, dans un village de la Belgique. Ce prodige ne se renouvelle pas tous les soirs, mais la voix qui parla à saint Bernard se fait toujours entendre de la Religieuse, en s'adressant à son âme, sinon à son oreille, et la Trappistine, trop habituée à ce langage pour ne pas le comprendre, se retire contente et va prendre son sommeil.

Tableau exact de la journée détaillée heure par heure.

§ 1. *Exercices d'hiver, du 14 septembre au 1ᵉʳ samedi de Carême.*

I. JOURS OUVRABLES.

Lever, suivi du petit-office de la Sᵗᵉ-Vierge	à 2 heures.
Oraison.	après le petit-office.
Grand office.	à 3 heures.
Angelus.	après l'offi. et interv.
Prime (messe mat.), chapitre.	à 5 h. 1/2 et interv.
Entrée du chœur, tierce, la messe, sexte.	à 7 heures.
Travail.	après sexte.
None et l'examen particulier.	à 11 h. moins 5 min.
Angelus, le dîner.	à 11 h. 1/2.
La promenade.	après le dîner.
Travail.	à 1 heure.
Fin du travail.	à 4 h. moins 20 m.
Vêpres, suivies de l'Oraison.	à 4 h. 10 minutes.
Collation.	à 5 h. 1/4.
Lecture, complies, suivies du *Salve*, de l'examen et de l'Angelus.	à 6 heures.
Retraite.	à 7 heures.

II. DIMANCHES.

Lever, etc., etc.	à 1 h. 1/2.
Grand office, etc.	à 2 h. 1/2.
Prime, etc.	à 5 h. 1/4.
Instruction.	à 7 h. 1/2.
Entrée du chœur, etc.	à 8 h. 25 minutes.
Dîner, etc.	à 10 h. 1/2.
Angelus.	à midi.
None.	à 1 h. 7 minutes.
Vêpres, suivies du Salut.	à 3 heures.
Oraison, suivie du souper.	à 5 h. moins 1/4.
Lecture, etc.	à 6 heures.
Retraite.	à 7 heures.

§ II. *Exercices d'été, de Pâques au 14 septembre.*

I. JOURS OUVRABLES.

Lever, etc.	à 2 heures.
Oraison.	après le petit office.
Grand office.	à 3 heures
Angelus.	après l'offi. et interv.
Prime, etc.	à 5 heures.
Travail.	après le chapitre.
Fin du travail.	à 9 h. moins 20 m.
Entrée du chœur, tierce, la messe, sexte.	à 9 h. 10 minutes.
Dîner.	à 10 h. 1/2.
Angelus.	après le dîner.
Méridienne.	après l'Angelus.
Fin de la Méridienne.	à 1 h. moins 20 m.
None et le travail.	5 minutes après.
Fin du travail.	à 4 h. 1/2 et interv.
Vêpres, suivies de l'Oraison.	à 5 heures.
Souper.	à 6 h. et intervalle.
Lecture, complies, etc.	à 7 heures.
Retraite.	à 8 heures.

II. DIMANCHES.

Lever, etc.	à 1 h. 1/2.
Oraison.	après le petit office.
Grand office.	à 2 heures 1/2.
Prime.	à 5 h. 1/4.
Instruction.	à 7 h. 1/2.
Entrée du chœur.	vers 8 h. 1/4. 8 h. 25 m., s'il n'y pas procession.
Dîner.	à 10 h. 1/2.
Angelus, suivi de la méridienne.	après le dîner.
Fin de la méridienne.	à 1 heure.
None.	à 1 h. 5 minutes.
Vêpres, suivies du Salut.	à 4 heures.
Oraison, suivie du souper.	à 5 h. 3/4.
Le reste à l'ordinaire.	

3.

VI.

LES NUITS A LA TRAPPE.

Les écrivains modernes, habiles dans l'art de séduire, ne manquent jamais d'amorcer l'attention de leurs lecteurs par des titres plus ou moins piquants ; ils cherchent des mots mystérieux, des inscriptions qui promettent, des termes qui intriguent, à la faveur desquels ils font passer bien des choses, circuler leurs ouvrages et lire leurs livres : on connaît la vogue de ce roman qui n'a eu d'autre mérite que celui de s'appeler les *Nuits de Londres*. Jusqu'à ce jour ce titre, trop souvent employé, n'a donné que des scandales au public, depuis les *Nuits Atti-*

ques où Aulu-Gelle nous a décrit les mœurs dissolues de la société antique; et néanmoins, malgré l'abus qu'on en a fait, nous n'avons pas craint de l'inscrire en tête de ce chapitre : il pourra, ce nous semble, réparer un peu le mal qu'il a produit, en faisant connaître des mystères autrement édifiants que ceux de la volupté, les mystères de la mortification monastique.

Il ne s'agit pas ici d'une chambre bien meublée, d'un lit richement sculpté et d'une couche au mol duvet; on ne voit rien dans le dortoir de la Trappistine qui ressemble au luxe, à l'affectation et à la délicatesse de nos modernes sybarites : c'est une salle commune, vaste et aérée, où se trouvent plusieurs couches, de distance en distance, rangées le long du mur ; c'est quatre planches de sapin élevées sur deux pieds en bois, sans art, sans menuiserie, sans dessin, grossièrement façonnés, laissant trop voir qu'ils ne sont passés ni au tour, ni au rabot; c'est une paillasse ordinaire, toute seule, et pour oreiller un traversin de paille hachée qui remplace la plume : c'est enfin un épais rideau de grosse toile et quelques couvertures de laine, selon les besoins des Sœurs et les rigueurs de la saison. Ce lit ne sourit pas à la mollesse, il n'invite pas à passer la grasse matinée, mais il suffit au repos du corps : il délasse sans énerver, il procure un sommeil léger, calme et naturel ; on y dort paisiblement, sans suffocations, sans sueurs, sans cauchemar, comme sur un lit de camp d'où l'on se lève toujours frais, agile et dispos à recommencer la journée.

« La nuit est dangereuse pour l'homme,
» a dit le comte de Maistre dans l'une des
» *Soirées de Saint-Pétersbourg*, et sans nous
» en apercevoir, nous l'aimons tous un peu,
» parce qu'elle nous met à l'aise. La nuit est
» une complice naturelle constamment à
» l'ordre de tous les vices, et cette complai-
» sance séduisante fait qu'en général nous
» valons tous moins la nuit que le jour. La
» lumière intimide le vice ; la nuit lui rend
» toutes ses forces et c'est la vertu qui a
» peur. Encore une fois, la nuit ne vaut
» rien pour l'homme, et cependant, ou peut-
» être à cause de cela même, ne sommes-
» nous pas tous un peu idolâtres de cette
» facile divinité ! Qui peut se venter de ne
» l'avoir jamais invoquée pour le mal ? De-
» puis le brigand des grands chemins jus-
» qu'à celui des salons, quel homme n'a

» jamais dit : Viens, j'ai besoin de ton om-
» bre. La société, la famille la mieux réglée
» est celle où l'on veille le moins et tou-
» jours l'extrême corruption des mœurs s'an-
» nonce par l'extrême abus dans ce genre.
» La nuit étant donc de sa nature mauvaise
» conseillère, de là vient que les fausses
» religions l'avaient consacrée souvent à des
» rits coupables, sous le nom de *Bonne*
» *Déesse.* »

Le philosophe chrétien a dit vrai, et se méfiant de la nuit comme d'un ennemi dangereux dont elle veut éviter les coups, la Trappistine se retire à la chute du jour, ne prolongeant jamais sa soirée au-delà de huit heures, et va s'étendre sur sa couche où le sommeil vient bientôt au secours de sa vertu. Dans son heureuse innocence, on peut le dire, elle ne connaît pas les tentations dont nous avons parlé, elle n'a jamais subi ces assauts et le démon de la nuit n'a rien à faire dans un dortoir qui ressemble assez à un camp où l'on dort sans mettre bas les armes, tout habillé, afin d'être prêt au premier signal. Chaque Sœur repose avec ses habits réguliers, sans jamais les quitter, portant toujours la tunique, le scapulaire et la coule qui doivent lui servir de vêtement pendant le jour, de drap pendant la nuit, et de linceul à la mort. La Trappistine, après avoir pris l'habit, ne s'en dépouille plus ; elle l'a promis, les vers seuls la déshabilleront.

La nuit se passe sans insomnie, les heures fuient rapides sans qu'on puisse les compter, les paupières sont fermées, l'œil dort, et si le cœur veille, comme celui de l'épouse des Cantiques, c'est dans l'attente de quelque sainte communication qui va venir, à la faveur d'un songe, lui montrer *ce que l'œil ne peut voir,* lui dire *ce que l'oreille ne saurait entendre,* ces choses mystérieuses qui furent découvertes à Paul dans un ravissement, à Jean dans une révélation, à Thérèse, à Brigitte, à tant de saintes par des visions, et à Mère Madeleine de saint Joseph par un ange.

Il y a des songes naturels qui sont l'expression de nos goûts, de nos penchants, de nos inclinations, des songes diaboliques qui sont la preuve du pouvoir occulte que le démon exerce sur nous; mais il y a aussi des songes divins pendant lesquels Dieu, pour parler le langage de Job, *ouvre nos oreilles; parle à notre cœur et nous instruit.* L'Ecriture-Sainte en offre de nombreux exemples dans ces visions prophétiques qui montrèrent des ossements arides à Ezéchiel, une échelle à Jacob, des gerbes à Joseph, et un grand linceul à saint Pierre. Dieu n'a pas cessé d'en agir ainsi pour nous faire connaître ses volontés; il n'a renoncé ni à ces visions, ni à ces songes, ni à ce langage symbolique : le mysticisme chrétien a eu ses extases, ses ravissements, ses Apocalypses non moins sacrées que celle de saint Jean, et je connais dans son histoire des pages qui valent bien celles de Daniel, de Salomon et d'Isaïe.

On le voit, dirai-je en reprenant le langage de Joseph de Maistre, « si la nuit donne
» de mauvais conseils, il faut lui rendre jus-
» tice, elle en donne d'excellents : c'est l'épo-
» que des profondes méditations et des subli-
» mes ravissements; pour mettre à profit ces
» élans divins et pour contredire aussi son
» influence funeste, le Christianisme s'est
» emparé à son tour de la nuit, et l'a con-
» sacrée à de saintes cérémonies qu'il anime
» par le chant de l'office divin. »

Dans les âges de foi, les chrétiens se levaient la nuit pour prier; ils se rendaient à l'Eglise pour assister à la récitation des Nocturnes; ils allaient mêler leurs voix, en en redisant les psaumes, à celle de David qui suspendait son sommeil pour prier, nous dit-il, qui passait ses nuits à gémir, et qui arrosait son lit des larmes de la pénitence. Aujourd'hui l'usage s'en est perdu, car tout a changé en religion, excepté le dogme ; l'Eglise est trop bonne mère pour ne pas ménager, autant que possible, les faiblesses de notre nature. Cependant, grâces à la réforme de Cîteaux, la Règle de saint Benoît n'a pas varié : au milieu de la nuit, la cloche se fait entendre, appelant les Religieuses à Matines, et chaque Sœur quitte sa couche et descend à l'oratoire où elle commence par prier Dieu *de lui donner son secours, d'ouvrir sa bouche, de délier sa langue* (1), avant d'en chanter les grandeurs sur le ton du psalmiste. David était poète, «aussi harmonieux que Simonide» , dit Saint Jérôme, «aussi élevé que Pindare»; il chantait en accompagnant sa voix, il louait Dieu sur le psaltérion et la cithare ; mais les hymnes de ce roi pénitent avaient un accent de tristesse et tenaient du soupir, de la

---

(1) *Deus in adjutorium meum intende. Domine, ad adjuvandum me festina. Domine, labia mea aperies, et os meum annuntiabit laudem tuam.*

plainte; il faisait gémir la harpe sous ses doigts, en l'arrosant de ses larmes et il choisissait la nuit d'ordinaire pour pleurer ses élégies.

Tels sont les chants qui retentissent à la Trappe dans le silence des nuits; ils sont plaintifs, gémissants et coupés au milieu du verset comme par un sanglot; ils disent les mêmes paroles que David, sans les accompagner de l'instrument, il est vrai, mais des voix de femmes n'ont pas besoin de ce secours pour moduler aussi tristement que lui, en les répétant, les Psaumes de la pénitence. Il faut les avoir entendues, ces psalmodies nocturnes, pour comprendre tout ce qu'il y a de triste, d'élégiaque et d'émouvant, dans les Lamentations de cet autre Jérémie.

Les Trappistines, donc, veillent sur nous pendant la nuit, prient quand nous dormons et gémissent pendant que d'autres se livrent au plaisir, debout aux pieds des autels, anges protecteurs de la terre, éloignant par leurs prières ce que la nuit a de mauvais pour nous; car, on le sait, les heures en ont été abandonnées *aux puissances des ténèbres :* le monde alors oublie son Dieu, et les Trappistines se souviennent du Seigneur, tendent leurs mains vers lui et conversent avec lui, chaque nuit. Il en est une cependant que les chrétiens sanctifient encore par la prière, c'est la nuit de Noël. Jadis on en passait la veillée à écouter des légendes chrétiennes que l'aïeul, dans chaque maison, racontait à sa famille réunie, autour de lui, dans l'âtre où elle attendait, pieuse et recueillie, que la cloche vînt l'appeler à l'Eglise. Aujourd'hui ces mœurs naïves ne sont plus, la veillée n'est pas toujours sainte, mais le chrétien continue néanmoins de suspendre son sommeil pour se rendre à l'église et passer aux pieds des autels cette nuit anniversaire de la naissance de son Sauveur. Il abandonne son esprit à ces touchants souvenirs, ouvre son cœur aux inspirations de la grâce et mêle sa voix au chant des psaumes de David, des hymnes Ambrosiennes, et des Noëls populaires.

A la Trappe les nuits ressemblent toutes à celles-ci : on y veille, on y prie, et on y chante ; le prêtre monte à l'autel, offre et consacre ; Dieu descend du ciel, s'incarne de nouveau et reprend naissance ; les sœurs peuvent l'y voir, l'y adorer et communier en lui eucharistiquement; en un mot, chaque nuit pour la Trappistine est une nuit de Noël.

VII.

LE CHAPITRE.

Le titre de ce paragraphe nous oblige de dévoiler au public ce qu'il y a de plus secret dans un couvent, au risque d'initier quelques profanes à ces mystères et d'exposer l'auteur à être proclamé en Chapitre. Notre but a été d'offrir à l'édification de tous les pratiques religieuses de la mortification monastique et nous ne pouvons pas omettre la plus essentielle. Voulant faire connaître au lecteur l'intérieur de la Trappe, nous devons l'introduire partout, principalement dans la salle du Chapitre : on travaille en tous lieux, on prie dans chaque église, on peut même faire des vœux dans le monde, s'obliger à être pauvre, à pratiquer l'obéissance, à rester vierge; mais on ne fait la coulpe que dans un couvent.

« Le chapitre, a dit le biographe du fondateur de Cîteaux, montre mieux que toute autre partie de la vie monastique que le couvent n'était rien moins qu'un lieu où vivaient tranquillement des hommes dont l'unique affaire était de se promener en habit d'une forme particulière et de passer leur temps à des œuvres prescrites par une règle, mais bien une école où l'on apprenait à supporter sans murmure l'humiliation, où les dernières racines de l'amour-propre étaient extirpées pour faire place à la charité de l'Evangile. »

L'humilité qui consiste, d'après le langage chrétien, à s'abaisser pour être élevé, est comme l'âme du cloître. Saint Benoît la compare à l'échelle mystérieuse qui apparut en songe au patriarche Jacob et qui servait aux Anges à descendre du ciel en terre et à monter de la terre au ciel ; elle renferme douze degrés dont le cinquième, dit-il, *est de découvrir contre soi-même ses iniquités au Seigneur, pour en recevoir humblement réprimande et pardon.* « Cette pratique, a dit Dom Calmet, en expliquant la règle, demande une grande humilité. Il faut sans doute imposer un rude sacrifice à l'amour-propre pour aller, de son propre mouvement, faire l'aveu de ses misères les plus cachées, à un supérieur qui a autorité sur nous, se charger volontairement de la confusion que cet aveu doit produire, s'exposer à perdre son estime, en lui découvrant des faiblesses qui ne sont point des péchés et que Dieu même ne demande pas qu'on porte au tribunal de la confession. Mais si cette démarche est humiliante et pénible, elle renferme une infinité d'avantages et elle est louée par les anciens comme un moyen des plus sûrs et des plus propres pour se corriger de ses fautes et pour parvenir à la perfection. »

Je ne sais pas ce que diront les critiques modernes; ils appelleront peut-être, sur la foi d'un romancier, l'humilité la vertu des esclaves et le talent des sots, ne voyant en elle qu'un acte extérieur d'obéissance, une inclination, une génuflexion ou une prostration, sans regarder plus loin, au sentiment qui l'inspire.

Il y a dans ce mot plus de philosophie

qu'on ne pense, plus de vertu qu'on ne croit, car il faut se bien connaître pour éviter l'orgueil et avoir un grand courage pour se vaincre soi-même. Je ne fais pas un cours de philosophie, sans quoi je pourrais mettre en regard ici le savant et le moine, un roi et un religieux, dans un parallèle piquant, qui montrerait d'un côté les faiblesses de l'orgueil et de l'autre les grandeurs de l'humilité ; mais cette élévation d'idées, cette haute discussion ne seraient pas du goût de nos lectrices, impatientes sans doute d'assister au Chapitre.

Il se tient dans une vaste salle, lieu de réunion où la Communauté s'assemble, sous la présidence de la Mère Prieure, pour délibérer sur les affaires du jour, pour y sermonner les Religieuses, y lire les réglements, y entendre les coulpes et en faire satisfaction. Chacune a sa place fixée, son siége, sa chaire curule, devrions-nous dire en adoptant le sens de quelques étymologistes qui ont fait du mot Chapitre le diminutif de Capitole, *Capitolium, capitulum.* Une abbesse sans doute, avant la Révolution, était un grave personnage, se drapant volontiers à la romaine dans une robe qui jouait assez bien la toge ; mais, tout en professant le plus pro=

fond respect pour sa dignité, je ne saurais voir en elle un président de Sénat.

La seconde étymologie, moins ambitieuse que la première, qui donne à cette salle le nom de Chapitre, parce qu'on y lit toujours, en entrant, un chapitre de la Règle, me semble plus humble, plus édifiante et plus vraie.

L'usage en est antique ; saint Jérôme en parle, disant que le Chapitre avait lieu, de son temps, le vendredi, en mémoire des humiliations de Jésus-Christ. Il a lieu encore de nos jours et se pratique à la Trappe avec toute l'humilité des temps antiques. On l'ouvre par la lecture du Martyrologe dont la leçon sera toujours, évidemment, analogue à la circonstance, et puis, après l'explication de la Sainte Règle, la coulpe commence. Ici, celle qui a commis quelque faute extérieure doit se lever et se prosterner à sa place. La Mère Prieure élevant la voix, lui demande ce qu'elle a à dire, et la coupable répond : « *Meâ culpâ*, je dis ma coulpe. — Relevez-vous, au nom du Seigneur. » La Trappistine se lève, s'avance au milieu et debout s'accuse de manière à être entendue de toutes ses sœurs, d'un ton humble et en peu de mots, sans rien dire des motifs secrets qui l'ont fait agir. L'accusation finie, elle écoute la réprimande, se met à genoux pour recevoir la pénitence, se relève au commandement de la Mère Prieure et elle se retire.

Il arrive parfois que la proclamation suit l'accusation. La scène change : L'accusatrice se lève, tranquillement, sans passion, et proclame le nom de la coupable en disant : « Je proclame ma sœur N ». La Trappistine désignée se lève aussitôt et se prosterne sans chercher même à s'excuser, bénissant au fond du cœur la main qui l'a frappée, priant Dieu même pour sa sœur qui l'humilie.

L'orgueil humain, je le sais, repoussera cette mortification spirituelle, mais il est écrit sur les murs du chapitre, en lettres bibliques, QUE LA CORRECTION EST LE CHEMIN DE LA VIE, QUE CELUI QUI N'AIME PAS LA RÉPRIMANDE PERIRA. « Ces deux pensées, a dit un écrivain moderne, qui nous permettra de modifier un peu sa phrase, sont la loi du progrès véritable et de l'amélioration morale. La philosophie païenne disait à l'homme : connais-toi toi-même ; la religion lui apprend à chercher cette connaissance dans les avis sévères d'une amitié qui ne trompe pas ; elle lui apprend encore que, faute de réprimandes et d'humiliations, la piété pourra se complaire en elle-même et que, devenue fière et paresseuse, elle attendra dans l'imperfection la récompense qui n'est due qu'au travail. Le bon sens tout seul, dans le silence des passions et de l'intérêt personnel, adopte et proclame cette vérité. Qui n'a pas quelquefois félicité le génie des critiques, même malveillantes, qui, piquant son ardeur, éperonnant ses flancs, l'ont fait monter au comble de l'art : sans le sifflet des Athéniens, Démosthènes ne serait pas devenu le Prince de la Tribune, et sans ce moniteur placé derrière lui pour lui rappeler ses faiblesses humaines, le héros antique montant au Capitole, aurait pu se croire un Dieu. Aujourd'hui je plains les hommes trop haut placés pour qu'une voix sévère ose les dénoncer à eux-mêmes, et par une censure amère leur éviter des fautes qui les déshonorent à leur insu. La Trappistine comprend ce besoin de la nature humaine, et plus sage dans sa simplicité que les docteurs du monde, elle s'efforce de le satisfaire. Elle aime une humiliation qui lui révèle sa faiblesse, qui soutient sa vigilance et qui assure ses progrès dans la vertu. Voyez, au milieu du Chapitre, devant ses supérieures, entourée de ses sœurs, elle s'accuse et elle est accusée; mais elle sait par la foi que cette humiliation lui profitera, elle s'en réjouit, elle en gardera le souvenir comme d'un bienfait, et ne pouvant lui parler pour la remercier de sa charité, elle ne laissera pas passer la journée sans prier pour sa sœur. »

Autrefois, si la faute était grave, la coupable recevait, en plein Chapitre, la discipline des mains d'une sœur qui ne devait jamais se refuser à accomplir ce devoir de charité, malgré les répugnances qu'on éprouve à battre sa sœur, malgré la sensibilité du cœur et malgré le cri de la nature. La flagellation durait ordinairement l'espace d'un *Miserere*, le fouet se faisant sentir à chaque verset, et ce que l'une souffrait dans sa chair, l'autre le souffrait dans son cœur; elle frappait cependant parce qu'il fallait frapper, mais elle sentait les coups plus encore que celle qui les parait, et si nos critiques modernes eussent bien réfléchi, au lieu de blâmer cette pratique qui sent la chiourme, disaient-ils, ils auraient admiré ce double sacrifice qui immolait deux victimes au devoir, en faisant la première victime de la correction fraternelle, et la seconde victime de la charité.

Chaque société a sa police chargée de maintenir l'ordre public, et le licteur qui marchait, armé de ses faisceaux, précédant le magistrat romain, mérite autant de respect, à mon avis, que la loi dont il est le bras vengeur. La raison humaine, qui n'a jamais flétri les officiers judiciaires, ne peut donc voir, dans cette correction monastique, que la verge de la Justice aux mains de la Charité.

Aujourd'hui les mœurs ont changé ; chacune, cela vaut mieux encore, prend sa discipline, plus sévèrement peut-être que si elle la recevait d'autrui, car il ne faut pas croire que ce nouveau réglement ait eu pour résultat d'adoucir la pénitence. Non, la nature humaine, a dit un moine, est comme ces chevaux fougueux qui, pour peu qu'on leur lâche la bride, n'ont plus rien qui les retienne et ne manquent pas de se jeter dans le précipice où ils entraînent le cavalier ; l'âme doit donc, la Trappistine le sait, se méfier de l'animal qui la porte, le tenir toujours en bride et le fouetter même pour le dompter.

Les disciplines à la Trappe se font avec de la ficelle ; elles ont cinq branches parsemées de cinq petits nœuds chacune, qui donnent vingt-cinq plaies à chaque coup. La réflexion pourra faire trémousser quelques lectrices et hésiter quelques vocations ; mais j'ai hâte d'ajouter que ce châtiment est fort rare à la Trappe, plus rare qu'au Carmel, car le travail manuel mortifie la chair assez pour qu'il ne soit pas nécessaire de la discipliner par le fouet.

Dailleurs ce traitement n'est pas aussi rude qu'il le paraît; le corps y est déjà préparé quand on le lui inflige, par les renoncements, les privations et les sacrifices qu'il a eus à souffrir ; l'abstinence, les veilles et le travail l'ont réduit et endurci, en émoussant sa sensibilité; il est plus robuste, plus fort, plus paysan ; il endurera donc la douleur plus stoïquement que le sybarite; il ne sentira pas le pli d'une rose sous son corps, comme Myndiride, il ne frissonnera pas au coup d'épingle : l'esclave est habitué au fouet et le Spartiate ne craint plus la verge.

En outre, l'exemple est un encouragement puissant, avantage immense que le cénobite aura toujours sur l'ermite : l'émulation aiguise la volonté, pousse aux grandes choses et provoque l'héroïsme. Chaque Sœur comprend, comme saint Augustin, qu'elle peut bien faire ce que d'autres font ; le courage double les forces, la novice atteint bientôt la Sœur professe, et les unes et les autres rivalisent de mortifications, cherchant à égaler leur Mère-Prieure sans pouvoir jamais la dépasser; car, à l'école du Calvaire, le privilége dont jouit le maître sur le disciple, est assez semblable à celui qui distinguait l'Abbesse du Paraclet de ses autres sœurs, savoir : « d'avoir été enterrée dans un cilice qui l'enveloppait de la tête aux pieds, et dans lequel elle était cousue comme dans un sac. »

Le Chapitre n'est pas seulement une salle de pénitence destinée aux exercices d'humiliation ; il sert de lieu d'assemblée, de rendez-vous à toute convocation : on y délibère, on y opine, on y vote, car toute cause majeure doit être portée aux suffrages de la communauté, d'après le principe de la Carte de Charité qui a maintenu dans l'Ordre le gouvernement libéral, parlementaire et constitutionel (1). On s'y occupe des trépassés,

---

(1) La Carte de Charité, titre fondamental de Cîteaux, Genèse de l'Ordre, a été publiée en 1119. Les premiers Pères de Cîteaux y ont réglé le gouvernement de l'Ordre. Saint-Benoît avait fait l'Abbé maître souverain, autocrate du couvent, et la Carte de Charité, concordat passé entre tous les Abbés qui existaient alors, a substitué la loi à l'homme, le Chapitre-Général aux Abbés, comme l'Eglise ou le Synode est supérieur à l'Evêque. Le conseil général de l'Ordre convoqué à Paris, le 25 novembre 1776, a reconnu et admis la vérité de cette explication. La Carte de Charité est donc plus vieille que la Charte Anglaise tant vantée de nos

on y lit les billets de mort, on y annonce la fin d'un Tricénaire, et on y absout la mémoire des défunts. Enfin, on y prêche, l'Abbé à ses frères, la Prieure à ses sœurs; mais le sermon, quoique officiel, moins solennel qu'à l'Eglise, tient plus de l'entretien que du discours; c'est une réunion de famille, les conseils intimes du foyer dans la bouche d'un père et d'une mère.

Je vais en donner un échantillon extrait du spicilége de Dom Achéry, il a bien son intérêt, son sel et son actualité.

C'était la veille de Noël, dans l'abbaye de Cluni, le Chapitre était réuni sous la présidence du prieur, en l'absence de l'Abbé, retenu dans sa cellule par l'âge et les infirmités. Le Père Hugues était nonagénaire, la faiblesse l'empêchait de marcher, il ne suivait plus les exercices de la communauté, à son grand regret; mais, sentant sa fin approcher, et vou-

---

jours, à qui elle a servi de modèle. On le sait, le cardinal archevêque de Cantorbéry, Etienne Langton, exilé par Jean-Sans-Terre, se réfugia à Pontigny, une abbaye de l'Ordre de Citeaux en France. Il y conçut le plan de réformer le gouvernement anglais, et il en écrivit le projet, s'inspirant, pour en rédiger les articles, de la Carte de Charité. Rappelé plus tard, il offrit à la nation, qui l'accepta en 1213, ce travail de son exil qui, connu sous le nom de Grande Charte, est devenu la base de la Constitution anglaise que l'on pourrait appeler une fille de la Carte de Charité.

lant consacrer à ses religieux le dernier quart-d'heure de sa vie, il se fit porter au Chapitre, où tous l'accueillirent avec respect. On se rapprocha de lui pour mieux l'entendre, et, d'une voix affaiblie, il conta, en style de vieillard, l'allégorie suivante :

« C'est la vision d'un moine arrivée à pareille heure, la nuit de Noël, il a vu la Sainte-Vierge tenant dans ses bras son divin Fils, au milieu d'un cercle d'anges éblouissants de lumière. Ce Dieu-Enfant s'amusait à battre des mains pour exprimer la joie qui était dans son cœur, et se tournant vers elle, il lui dit : « Mère, voyez, la nuit est venue, anniversaire de ma naissance, et bientôt, dans l'église de ce monastère, on va redire les oracles des prophètes, entonner l'hymne des anges, et renouveler le souvenir de votre enfantement. Le démon est vaincu, son empire détruit, il n'est plus aujourd'hui le Prince du monde, comme avant mon incarnation. Où donc s'est-il enfui ? »

A ces mots, Satan se présente : — « Il
» est vrai, dit-il, je n'ai plus mon autel
» dans l'église, mais je connais encore plus
» d'une porte qui me laissera entrer dans ce
» couvent. — Va, lui dit le Fils de la Vier-

» ge, te mesurer à d'autres, essaie, je le
» veux bien, pour voir si tu seras plus heu-
» reux qu'avec moi. »

Aussitôt, usant de cette liberté, il va à la porte du Chapitre; mais cet esprit enflé d'orgueil la trouva si basse et si étroite, qu'il ne put entrer, malgré ses efforts. Alors, il dirige ses pas vers le dortoir, espérant profiter du sommeil pour mieux tromper, à la faveur d'un songe, la vertu de ces moines, qui vont peut-être devenir victimes d'une illusion ; mais, le même obstacle l'arrêta, il ne put s'y glisser, la porte en était scellée. Enfin, plein de confiance, malgré ces deux échecs, il se présente au réfectoire, où, spéculant sur l'appétit des moines, il compte bien réussir à les prendre par la bouche, en leur servant quelque plat de sa façon ; mais la lecture des saints livres, l'attention soutenue des convives moins occupés de manger que de suivre, et la grossièreté des mets qui étaient sur table, retint sur le seuil ce démon, qui, vaincu dans son troisième retranchement, dut prendre la fuite et renoncer à entrer dans cette forteresse inexpugnable. — Courage donc, mes frères, veillez toujours sur vous, et le rôdeur quotidien ne pourra jamais vous surprendre. »

On le voit, il serait difficile de donner une forme plus attrayante à l'éloge de la vie monastique, invincible au démon de la triple concupiscence. C'est, dans un conte charmant, la louange de l'humilité figurée par l'humble entrée du Chapitre ; la louange du vœu de chasteté représentée par les scellés qui ferment hermétiquement la porte du dortoir ; l'éloge allégorique, enfin, de la pauvreté dans cette table maigrement servie, qui n'offre à ses convives que des légumes et un pain noir.

VIII.

LE SILENCE.

Pythagore disait un jour : « Taisez-vous tant que vous n'aurez rien à dire qui vaille mieux que le silence. » Un prophète avait écrit avant lui : « J'ai résolu d'observer toutes mes voies pour éviter de pécher par ma langue, j'ai mis une barrière à ma bouche et je me suis tu, abstenu même de dire les choses bonnes. » Le philosophe avait voyagé avant d'enseigner; il avait parcouru l'Orient pour s'instruire, il avait surtout fréquenté les écoles juives où on lisait la loi de Moïse et les écrits des prophètes, car il en a reproduit les réglements : « Tous ses disciples mettaient leurs biens en commun, ils habitaient ensemble dans un vaste édifice appelé *Emachion;* ils y suivaient une règle dont l'austérité était tempérée par la promenade, le chant, la danse et la lecture des poètes : le vin, la viande et le poisson y étaient interdits (1). » Ainsi, avaient vécu les Récabites, les Nazaréens, les Esséniens et les prophètes, *ces moines de l'Ancien-Testament,* d'après saint Jérôme ; rien ne manquait à ces couvents de la Grande-Grèce, on le voit, pas même la loi du silence, dont l'épreuve, prolongée de deux à cinq ans, servait de noviciat obligatoire avant d'être admis dans l'école Italique. On pouvait parler ensuite, disserter, dogmatiser même sur la foi du Maître (*autos epha,* il l'a dit), malgré que sa doctrine sur plusieurs points ne fût pas préférable au silence.

Saint Benoit a tenu le même langage ; il a aussi, en s'étayant du texte sacré, recommandé à ses disciples le silence qui s'observe rigoureusement à la Trappe, non pendant deux ans, mais toujours, durant la vie ; non à titre d'épreuves, mais par vœu, comme règle plutôt que comme essai. Quelques sen-

---

(1) Histoire comparée des systèmes de Philosophie, par de Gerando

tences bibliques imprimées sur les murs, en rappellent l'étroite obligation : *Seigneur, mettez une garde à ma bouche et une porte à mes lèvres* (Eccl. XXII, 33). *Le silence est notre gardien et notre force* (Is. XXX, 15). Mais plus souvent le mot SILENCE est écrit tout seul, çà et là, en gros caractères, en lettres majuscules, comme pour mieux en faire sentir l'importance.

Tout dans ces couvents annonce qu'il faut se taire, tout y prêche le silence, même le parloir. La Trappistine est à un mètre loin de vous, séparée par une double grille et cachée par un voile noir d'épaisseur convenable, qu'encadre un chassis de bois toujours fermé à clef, impénétrable aux regards et inexorable à la plus légitime curiosité. La conversation s'y engage difficilement et s'épuise vite, s'y relève quelquefois, mais retombe, ne s'y soutenant qu'avec peine, malgré les ressources d'un esprit fécond. La règle l'a compris, sans doute, en réduisant à la demi-heure la durée de la visite, bien persuadée avec Sophocle que *le silence est la parure des femmes* (1).

Il est très-important, observe l'Ecriture,

(1) Vers de Sophocle, traduit par Mme Dacier.

de réprimer et de régler sa langue, sans quoi elle devient bientôt une épée affilée qui frappe, blesse et tue par la parole, une arme plus dangereuse cent fois que les ciseaux dans les mains d'une femme, dont la pointe peut bien percer les chairs, mais non blesser la personne au cœur, comme le dard empoisonné de la critique qui fait la guerre à tout, immolant à sa passion, sous les coups de la satire, la réputation, l'honneur et souvent l'amitié. Plusieurs ont péri par le tranchant du glaive, disait Salomon, mais ils sont bien plus nombreux ceux que la langue a tués : on a compté les morts sur les champs de bataille ; on ne sait pas les victimes du salon. Je connais telle réunion qui s'est dissoute, telle soirée qui a manqué, tel cercle qui ne s'ouvre plus pour éviter les *bons mots* d'une jaseuse trop spirituelle. La nature humaine est capable de dompter les bêtes sauvages, dit saint Jacques ; elle a apprivoisé les oiseaux, adouci les vipères et réduit les animaux ; mais il sera toujours plus difficile de dompter une langue qui, insensible au frein, indocile au commandement, résiste à tous nos efforts : Dieu seul pourra la soumettre au silence.

La taciturnité anglaise voulut singer, au dix-septième siècle, le silence du Trappiste; mais l'élément religieux manquait pour fonder un monastère; on fit donc un club à Londres, *le Club du silence*, dont on donna la présidence à un sourd-muet; nul ne devait ouvrir la bouche, d'après les statuts de la société; les signes seuls y étaient permis. L'abbé Blanchet a trouvé dans ce trait le germe d'un conte oriental, connu sous ce nom, l'*Académie silencieuse*, que nous donnons en note au bas de la page (1). Il est

(1) Il y avait à Amadan une célèbre académie dont le premier statut était conçu en ces termes : *Les Académiciens penseront beaucoup, écriront peu et ne parleront que le moins possible.* On l'appelait l'Académie silencieuse; et il n'était pas en Perse de vrai savant qui n'eût l'ambition d'y être admis. Le docteur Zeb, auteur d'un petit livre excellent intitulé, *le Bâillon*, apprit au fond de sa province, qu'il vaquait une place dans l'Académie silencieuse. Il part aussitôt, il arrive à Amadan, et, se présentant à la porte de la salle où les académiciens sont réunis, il prie l'huissier de remettre au président ce billet : *Le docteur Zeb demande humblement la place vacante.* L'huissier s'acquitta sur-le-champ de la mission; mais le docteur et son billet arrivaient trop tard, la place était déjà prise. L'Académie fut désolée de ce contre-temps; elle avait reçu, un peu malgré elle, un bel esprit de la cour, dont l'éloquence vive et légère faisait l'admiration de toutes les ruelles et elle se voyait réduite à refuser le docteur Zeb, le fléau des bavards; une tête si bien faite, si bien meublée ! Le président chargé d'annoncer au docteur cette nouvelle désagréable, ne pouvait presque s'y résoudre et ne savait comment s'y prendre. Après avoir un peu

inutile de le dire, l'Académie silencieuse n'a jamais existé que dans l'esprit du conteur et le *Club du silence* n'a jamais pu tenir sa troisième séance : il devint un objet de risée. Telle est, en quelque sorte, du disciple de Pythagore au clubiste de Londres, l'histoire du silence en dehors de la religion : on a essayé pour n'aboutir qu'au ridicule.

Je vais tourner la page afin d'en étudier

rêvé, il fit remplir d'eau une grande coupe, mais si bien remplie, qu'une goutte d'eau de plus eût fait déborder la liqueur; puis il fit signe qu'on introduisît le candidat. Il parut avec cet air simple et modeste qui annonce presque toujours le vrai mérite. Le président se lève, et, sans proférer une seule parole, il lui montra d'un air affligé la coupe emblématique, cette coupe si exactement pleine. Le Docteur comprit de reste qu'il n'y avait plus de place à l'académie; mais, sans perdre courage, il songeait à faire comprendre qu'un académicien surnuméraire n'y dérangerait rien. Il avise à ses pieds une feuille de rose, il la ramasse, il la pose délicatement sur la surface de l'eau et fait si bien qu'il n'en échappe pas une seule goutte. A cette réponse ingénieuse, tout le monde battit des mains, on laissa dormir la règle pour ce jour-là, et le docteur Zeb fut reçu par acclamation. On lui présenta sur-le-champ le registre de l'académie, où les récipiendaires devaient s'inscrire eux-mêmes. Il s'y inscrivit donc, et il ne lui restait plus qu'à prononcer, selon l'usage, une phrase de remercîments. Il écrivit en marge le nombre **100**, c'était celui de ses nouveaux confrères; puis, en mettant un zéro devant le chiffre, il écrivit au-dessus : *Ils n'en vaudront ni moins, ni plus* (**0100**). Le président répondit au modeste docteur avec autant de politesse que d'esprit. Il mit le zéro après le nombre **100** et il écrivit : *Ils en vaudront dix fois davantage* (**1000**).

(Apologues et Contes Orientaux, par l'abbé BLANCHET.)

l'histoire sacrée. Le philosophe avait ordonné le silence à ses disciples pour éloigner, dit-on, les embarras d'une discussion ; mais Jésus-Christ, qui était venu accomplir la loi et non l'abroger, l'a recommandé comme moyen d'éviter le péché, à l'exemple des Prophètes : Tout le travail de l'homme consiste à bien régler sa langue. (Ecclés. 6, 7.) Il l'a observé lui-même assez rigoureusement, ne disant rien pendant trente ans, parlant peu dans sa vie publique, se taisant même souvent quand on l'interrogeait, et le chrétien, désireux d'imiter son maître, l'a pratiqué à son tour, non dans un accès de mysanthropie, comme l'Anglais, mais par religion. Il allait loin du bruit, cherchant le désert pour y vivre dans le silence : — « Arsène, debout, fuis et tais-toi, » disait, en ce temps-là, une voix mystérieuse. Les solitudes se peuplaient tout en demeurant silencieuses : à Scété, le calme était si profond, dit Marule, que vous eussiez cru le lieu inhabité ; à Tabenne, les trois mille religieux qui vivaient sous la conduite d'Ammon, dit Ruffin, s'occupaient à la prière, sans jamais parler à personne ; à Clairvaux, dit l'abbé de Saint-Thierry, le silence qui y régnait imprimait une profonde vénération, une grande retenue, même aux étrangers qui arrivaient, il agissait sur eux si puissamment qu'ils n'osaient émettre ni paroles mauvaises ou oiseuses, ni même celles qui auraient été hors de propos. Les enseignements de saint Bernard avaient porté leurs fruits; il y avait prêché la circoncision de la langue, aussi nécessaire au moine, disait-il, que la circoncision de la chair au Juif, et la circoncision du cœur à un chrétien. Il faut l'avouer cependant, il était permis aux religieux de parler quelquefois, rarement, disait la règle de saint Benoît, tout en admettant certaines heures laissées à la conversation. Le Bénédictin de Cluni avait sa récréation, et le Cistercien pouvait conférer avec son voisin, les jours ouvriers, pourvu que l'entretien fût grave, sérieux et édifiant (1). Il était réservé à la Trappe de porter plus loin que les moines, ses ancêtres, le respect du silence, d'en imposer la loi inviolable à ses religieux, d'y assujettir même ses religieuses.

Les Trappistines sont toujours silencieuses, soit au travail, soit au repas, seules ou en communauté, dans les champs et à l'ouvroir,

(1) Dom Calmet, commentaire de la règle de Saint-Benoît.

partout, excepté au chœur où leur voix, libre enfin, peut chanter des heures entières sans ennui, sans fatigue, sans enrouement : la langue ne sort du repos que pour y rentrer, et, reprenant dans le silence une énergie nouvelle, elle peut, sans s'épuiser jamais, toujours fraîche, limpide et reposée, redire nos cantiques sacrés, chanter avec Salomon, psalmodier avec David, et gémir avec Jérémie, prendre tour-à-tour le ton de l'hymne, du psaume et de la jérémiade.

Les lèvres qui touchent l'hostie consacrée doivent être saintes, la bouche qui mange le pain des Anges, la manne eucharistique, ne doit s'ouvrir que pour publier les louanges de Dieu; la langue qui sert à la communion ne doit pas devenir un membre d'iniquité, servir d'instrument au péché; elle sera donc muette ou ne parlera que le langage sacré : c'est l'enseignement profond, la haute leçon qui ressort de cette loi monastique.

Le silence néanmoins n'est pas absolu à la Trappe; la Religieuse, je l'ai dit, parle dans le chœur pour chanter les sacrés cantiques, elle parle au Chapitre pour dire ses fautes et proclamer sa sœur coupable; elle parlera au cloître pour faire la lecture; elle parlera à son directeur pour se confesser ; elle parlera à la Mère-Prieure pour la consulter, même avant d'obéir, quand elle recevra un ordre, si une explication est nécessaire ; mais vis-à-vis de ses autres compagnes, dans les relations ordinaires de la journée, toute conversation est interdite. Dans ce cas, quand elle défend de parler par sons articulés, la règle permet toujours de s'expliquer par signes, d'employer un langage muet. La Trappe donc a des termes de convention, des gestes indicatifs, des signes télégraphiques, propres à servir de véhicule à la pensée, sans troubler le calme de la solitude (1). Ainsi la Trappistine qui a une communication utile à faire à sa sœur peut la lui adresser, la lui dire, sans violer la règle, sans interrompre le silence religieux du cloître, et sans profaner une langue exclusivement consacrée à la prière : elle a trop peu à dire pour que le signe ne lui suffise pas toujours.

---

(1) En voici quelques-uns empruntés à ce Vocabulaire mimique, ils ne sont pas sans expression. ABBÉ; toucher le front avec l'extrémité des deux premiers doigts. AME : porter la main étendue sur le front et l'élever, avec les yeux, vers le ciel. DIEU : former un triangle avec les pouces et les index et fermer les autres doigts. HONTE : se mettre une ou deux mains sur les yeux. SOIR : poser l'index sur un œil fermé.

Le silence monastique a un autre avantage, celui d'isoler la Religieuse des compagnes qui l'entourent, en lui permettant de vivre en ermite dans la communauté : c'est la solitude unie à la vie cénobitique. Un moine de Scété demandait un jour s'il ne serait pas possible de s'enfoncer plus avant dans la solitude, et mettant le doigt à la bouche, Macaire lui répondit : « Retirez-vous dans cette cellule et fermez-en la porte à tout jamais. » Oui, le silence procure à la cénobite tous les agréments de la vie érémitique, sans lui faire perdre les avantages de la communauté : elle est seule, sans être délaissée; elle a l'indépendance d'un solitaire sans en courir les dangers, la tranquillité du désert, sans en éprouver les ennuis ; elle trouve dans son couvent l'isolement de l'ermitage et les ressources de la communauté. La Trappistine n'a donc à craindre, grâces à cette loi, ni discussions irritantes, ni contact pénible, ni froissement quelconque, comme il arrive trop souvent dans les monastères, où la règle n'obligeant pas au silence, une conversation, qui s'engage ne rapproche deux personnes que pour les séparer ensuite, en faisant ressortir entre elles d'offensantes inégalités : l'une est instruite, et sa sœur ignorante ; l'autre polie, bien élevée, et sa voisine grossière ; la première est douce, et la seconde irritable ; celle-ci susceptible, celle-là taquine ; la charité sans doute remédiera à cet inconvénients, aplanira ces difficultés, adoucira les rapports mutuels ; mais le silence vient puissamment au secours de la charité pour éviter la querelle, la pique et la désunion. — « Prenez garde, Mademoiselle, disait un homme de sens à une novice, la veille de la profession, prenez garde à la démarche que vous allez faire, tout pourra en souffrir, votre vertu elle-même, qui obligée de coudoyer la Sœur converse, bien inférieure à vous par l'éducation, échouera peut-être devant cette inégalité, trop choquante pour ne pas se faire sentir un jour cruellement à vous. « Et la Sœur, plus sensée encore, répondit en souriant : « Je dois me tenir en garde, à la vérité, contre mon amour-propre, mais, sans parler de la grâce de Dieu qui aidera mes faiblesses, le silence qui s'observe à la Trappe, évitera cette tentation à mon orgueil : il est bien facile de s'entendre quand on ne se parle pas. Nous vivons toutes côte à côte, choristes et converses, novices et professes, unies ensemble par l'égalité monastique, mais séparées l'une de l'autre par un silence toujours obligatoire, qui permet à chacune de se tenir à distance et de garder son rang. »

Tels sont, dans un monastère, les avantages du silence qui devient le lien de la vie commune, la sauvegarde de la charité et le bonheur de la religieuse; « il la met à couvert de beaucoup de maux, dirait saint Jean Chrysostôme, il l'élève au-dessus de ses passions et la rend invulnérable; il est un rempart pour l'oreille, un frein pour la langue, un port tranquille; il est le soutien de la prière, l'échelle du ciel, le chariot d'Elie qui nous enlève à la terre pour nous donner à Dieu. »

On le sait, parfois le silence est plus expressif que la parole : l'éloquence s'en est servie souvent pour arriver au sublime ; la Trappistine l'emploie, ce qui vaut mieux encore, pour s'élever à la vertu.

Les femmes du monde pourront croire peut-être que l'habitude du silence dégénérant en taciturnité, a rendu nos Religieuses tristes, sombres et moroses. Non, leur figure est toujours douce, leur front souriant et leur regard plein de bienveillance ; la langue est muette, il est vrai, mais tout parle en elles à son défaut, les yeux, les gestes et le maintien : le silence à la Trappe n'est pas une humeur, un caprice, une boutade, mais plutôt une vocation, un vœu et une religion.

IX.

UNE EXTRÊME-ONCTION A LA TRAPPE.

On a pu, en lisant les chapitres qui précèdent, se faire une idée de la vie que nos Religieuses mènent à la Trappe, vie de prière, d'abstinence, de travail, d'humiliations et de silence, bien différente de la nôtre, toute contraire même, ce qui faisait dire à Houdar de la Motte : « J'ai vu les deux antipodes, la cour et la Trappe. »

Il avait cru, dans sa jeunesse, que Dieu l'appelait à la vie monastique ; mais l'abbé de Rancé lui refusa l'habit, le jugeant inapte à pratiquer les austérités de la règle. Admis aux épreuves du noviciat, il avait chanté au chœur, jeûné à table, veillé la nuit, manié la pioche, pris la discipline, subi la leçon du Chapitre, observé le silence, et, en rentrant dans le monde, il pouvait bien dire : Je reviens des antipodes. Oui, la Trappe a ses rigueurs, mais elle a ses consolations, et, sans parler ici, comme saint Bernard, des plaisirs de la pénitence, des douceurs de la mortification, des joies de la tribulation, ce langage incompris aujourd'hui, je dirai à ceux qui ne voient dans cette existence que les afflictions de la chair, les coups de la flagellation, et les souffrances de la croix; il est dur de vivre à la Trappe, mais il bien doux d'y mourir.

La femme y vit détachée de tout, de la terre par le vœu de pauvreté, de la famille par le vœu de virginité, et d'elle-même par le vœu d'obéissance ; soustraite au monde par la clôture, isolée de ses compagnes par le silence, et ne tenant à la chair que par le nœud de son existence. La mort peut bien venir, elle ne lui imposera aucun sacrifice, aucun renoncement, pas le moindre dépouillement; plus nue qu'au jour de sa naissance, sans héritage, sans habit et sans nom, la femme qui a renoncé à son patrimoine, à son mobilier et à sa maison pour se faire Trappistine, ne verra dans la mort que le complément de ses vœux, un affranchissement, une délivrance, l'élargissement de l'âme captive. Dans un instant, elle va quitter ce monde ; mais le regret, au moment de le laisser pour toujours, ne saurait troubler sa dernière heure : on ne regrette point ce que jamais on n'a aimé. L'âme va se séparer de son corps, et celui-ci, en proie à une hideuse dissolution, sera jeté aux vers du sépulcre ; mais la Trappistine, en vraie chrétienne, croit à la transfiguration future de la chair ; elle sait, comme saint Paul, que *le corps semé en faiblesse doit ressusciter en force, que le corps semé en ignominie doit ressusciter en gloire, que le corps semé en corruption doit renaître immortel*, et elle voit tomber avec plaisir la muraille de boue qui la sépare de son Dieu. Le jugement approche, elle va paraître devant Dieu ; mais sa conscience la rassure, la foi lui montre le ciel ouvert pour la recevoir, et elle bénit la mort qui l'enlève à la terre.

Autour de sa couche, tout est tranquille, pas de cris, pas de sanglots et pas de pleurs ; la prière seule s'y fait entendre, pieuse, recueillie et solennelle ; vous n'y trouverez ni femme échevelée, ni enfants au désespoir, ni serviteurs en deuil : la mourante est entourée de ses sœurs qui, loin de la pleurer, lui envient son bonheur, et accompagnent le râle de l'agonie avec des cantiques d'actions de grâces. Quand elle aura rendu l'esprit, aucune n'osera donner le nom de mort à son trépas, ni appeler funérailles les derniers devoirs qu'elles lui rendront : ce sera, en vérité, un triomphe, une fête, les noces funéraires de la sœur défunte.

Cependant, ces noces seront tristes ; ses compagnes verseront sans doute quelques larmes, demain, à l'heure de la cérémonie funèbre, mais en jalousant son sort, en regrettant plutôt, dans une sainte envie, de ne pas la suivre que de la quitter : la Trappistine porte le deuil de la vie et non celui de la mort.

Vraiment, nous sommes aux antipodes, tout a changé ici, idées, mœurs et langage ; on y aime ce qui fait notre effroi, on y recherche ce que nous fuyons, et on y appelle mort ce que nous croyons être la vie. Vous interrogerez une Trappistine, vous lui demanderez des nouvelles d'une personne que vous saviez expirante, et, si elle peut vous répondre, elle ne vous dira pas : nous l'enterrâmes hier; mais, employant un langage que les anciens ne trouvèrent pas, malgré les mille tournures qu'ils connaissaient pour dire, sans prononcer le nom de la mort, qu'une personne n'était plus, elle vous répondra, inspirée par sa foi chrétienne : Notre sœur a fini de mourir et commence de vivre. En effet, l'homme meurt tous les jours, l'heure passée ne revient plus, le fleuve ne remonte jamais à sa source, l'enfant, en quittant le berceau, fait le premier pas vers la tombe, et les vingt ans du jeune homme appartiennent à la mort plutôt qu'à la vie : ceci est de la logique avant d'être une antithèse.

La veille de ce jour, redouté dans le monde et désiré dans le cloître, la Religion envoie le prêtre administrer au malade les derniers sacrements, et finir par une dernière onction ce qu'une première a commencé, l'œuvre du salut, une rédemption.

La cérémonie à la Trappe doit, autant que possible, dit le rituel de Cîteaux, se faire à l'église. La malade est assise au milieu du chœur, mêlant sa voix à la prière collective de ses sœurs, qui, prosternées sur les formes, récitent chœur à chœur, alternativement, les versets d'un psaume analogue à la circonstance, pendant que l'infirmière prépare sur une table, à côté, le crucifix, les cierges, l'aspersoir, l'huile sainte, la mie de pain, une aiguière, une serviette et des étoupes en boules. Le prêtre arrive devant la malade, qui s'humilie en sa présence par une humble confession, comme devant Dieu ; il l'absout, porte à ses lèvres la croix dont elle baise le Crucifix respectueusement au souvenir de ses souffrances, de sa passion et de sa mort. Puis, il la frotte d'huile comme l'athlète antique, pour prévenir toute défaillance au moment de combattre le dernier combat et lui donne le pain eucharistique, l'espèce sacramentelle, le viatique de l'éternité, en lui disant : « Recevez, ô ma sœur, en viatique, le corps sacré de notre Seigneur Jésus-Christ, qui sera votre salut, votre vie et votre résurrection. » L'infirme communie en Dieu par le sacrement, ouvre son cœur à la reconnaissance, et attend que le moment vienne de communier en lui par la mort. Ainsi mourut, d'après François de Sales, sainte Madelaine « dans une grotte de Provence, où elle était ravie tous les jours sept fois, et élevée en l'air par les anges comme pour aller chanter les sept heures canoniques en leur chœur. Un jour de dimanche, elle vint à l'Eglise, en laquelle son cher évêque, Maximin, la trouvant en contemplation, les yeux pleins de larmes et les bras élevés, il la communia, et tôt après elle rendit son bienheureux esprit qui, derechef, alla pour jamais, aux pieds de son Sauveur, jouir de la meilleure part qu'elle avait déjà choisie en ce monde. » Telle sera la mort de notre Trappistine après la communion, douce, aimante et tranquille, malgré de vives douleurs peut-être, mais « l'amour sera plus fort que la mort. »

La cérémonie terminée, les Sœurs se retirent édifiées de sa foi, de sa piété et de sa résignation ; on reporte la malade à l'infirmerie, et des mains amies la remettent sur sa couche, d'où elle ne se lèvera plus que pour rendre le dernier soupir sur une croix de cendres.

Les cendres ont toujours été le symbole de la pénitence depuis que Dieu, dans sa justice, a condamné l'homme à mourir, à rentrer en poussière : les Hébreux en couvraient leur tête dans les calamités publiques, Ninive pour appaiser la colère de Dieu, Mardochée pour fléchir Assuérus et les filles de Sion en entendant la voix *lamentable* de Jérémie; les chrétiens en mettent sur leur front, chaque année, en signe d'affliction, à l'entrée du carême; mais nos Religieuses, plus pénitentes encore, quoique moins coupables, ne se contentent pas d'y voir un signe de pénitence ou un symbole de mort, elles en font le lit de leur agonie, leur dernière couche. Désireuses de terminer leur passion par le Calvaire et se croyant indignes cependant de mourir sur une croix de la même manière que Jésus-Christ, elles ont trouvé le moyen d'allier ces deux choses, de crucifier leur corps tout en demeurant inférieures à lui, afin d'éviter le moindre sentiment d'orgueil à la vertu d'un disciple qui, trop rapproché de son maître, pourrait être tenté de se croire son égal, c'est celui de mourir en croix sur la cendre.

O spectacle attendrissant, scène émouvante, piété étonnante, qui craint et qui désire tout à la fois de ressembler au Christ, qui le désire par amour et le redoute par humilité, comme Pierre, comme André; qui bien veut souffrir autant, mais sans s'élever à sa hauteur, partager ses souffrances et non ses triomphes, ses humiliations plutôt que ses gloires, le Calvaire sans le Thabor : c'est l'héroïsme de la charité, c'est le crucifiement en sens contraire, c'est le sublime de la vertu !

Lorsque la Trappistine approche de sa fin, on la met donc en terre sur une croix de cendres bénites, dans les bras de laquelle l'humble Sœur va expirer; ses compagnes sont là, à genoux autour d'elle, répondant de cœur et de bouche à la voix qui récite les prières de l'agonie : « Saint Benoît, saint Bernard, saint Robert, saint Etienne, saint Albéric, vous tous, moines et ermites, priez pour elle; sainte Marie Madeleine, sainte Luce, sainte Lutgarde, vous toutes, vierges et veuves, priez pour elle. » En achevant ces litanies où l'on invoque l'intercession de tous les saints pour la Trappistine mourante, mais principalement l'appui spirituel de ses frères et de ses sœurs en religion, le prêtre se lève, et, usant de son autorité sacerdotale, parlant en maître plutôt qu'en suppliant, il dit sur le ton du commandement et non plus sur celui de la prière, au moment où la vie abandonne le corps : « Partez, âme chrétienne, partez de ce monde, au nom du Père qui vous a créée, au nom du Fils qui vous a rachetée, au nom du Saint-Esprit qui est en vous. Partez, à votre sortie du corps, s'ouvrira devant vous la voie qui mène à la montagne de Sion, à la cité du Dieu vivant, à la Jérusalem céleste, où vous retrouverez les anges vos amis, les saints vos frères, et les saintes vos sœurs, qui vous ont précédée. » Et cette âme, soumise par vœu à l'obéissance, semble se détacher à ces paroles, n'attendant plus pour partir qu'une chose qui lui manque encore, l'absolution de l'Ordre. Tout-puissant par Indult Apostolique, le prêtre la lui donne au nom de Dieu, la relève de toute censure, l'exempte de toute irrégularité, la purifie de toute tache, et lui donne une absolution suprême, particulière, spéciale à l'Ordre et privilégiée, qui vaut un Jubilé. Après cela, il faut le croire, l'expiation doit être finie, la mort peut sonner l'heure de la délivrance, l'âme ira au ciel en laissant un corps saint sur la terre.

Tels sont les derniers moments de la Trappistine; je viens de les décrire dans le style de la narration, sans parsemer mon récit de ces réflexions philosophiques qui se présentent volontiers à l'esprit de tout écrivain qui parle de mort. Châteaubriand l'a fait, il a été témoin de ce spectacle, il a vu mourir le Trappiste, et sa plume religieuse en a retracé le tableau pour servir de leçon philosophique au chrétien. Il a dit : « Quel spectacle que celui du Trappiste mourant ! quelle sorte de haute philosophie ! quel avertissement pour les hommes ! Étendu sur un peu de paille et de cendre, ses frères rangés en silence autour de lui, il les appelle à la vertu, tandis que la cloche funèbre sonne ses dernières agonies. Ce sont ordinairement les vivants qui engagent l'infirme à quitter courageusement la vie; mais ici c'est une chose plus sublime, c'est le mourant qui parle de mort. Aux portes de l'éternité, il la doit mieux connaître ; et, d'une voix qui résonne déjà entre des ossements, il appelle avec autorité ses compagnons, ses supérieurs même à la pénitence. Qui ne frémirait en voyant ce Religieux qui vécut d'une manière si sainte, douter encore de son salut à l'approche du passage terrible. Le Christianisme a tiré du fond des sépulcres toute la moralité qu'ils renferment : c'est par la mort que la morale est entrée dans la vie ; si l'homme, tel qu'il est aujourd'hui après sa chute, fût demeuré immortel, peut-être qu'il n'eût jamais connu la vertu. »

X

LE CIMETIÉRE.

Le cimetière dont on peut faire remonter l'origine à Abraham « qui acheta près de Jérusalem, du côté d'Ebron, un champ pour servir de sépulture à lui et aux siens, dans lequel était une double caverne où il fut enseveli avec Sara et Isaac, Jacob, Adam et Eve » comme le disait Durand, évêque de Mende, au 13e siècle ; le cimetière, ignoré des Grecs et des Romains qui brûlaient les corps, inutile aux Egyptiens qui les embaumaient pour les garder dans leurs maisons, paraît, quoique d'origine hébraïque, n'avoir pas servi aux Juifs qui ensevelissaient leurs morts, à la vérité, mais sans avoir aucun lieu exclusivement consacré à l'inhumation ; ils isolaient leurs tombeaux, les déposaient çà et là, à la ville, à la campagne, dans les vallées, sur les grands chemins, partout, même dans leurs jardins : Moïse fut enterré dans la vallée de Moab, Saül sous un arbre, Josué dans sa ville, à Thimnat-Sérah, Aaron sur le mont Hor, et Jésus-Christ dans le sépulcre que Joseph d'Arimathie avait fait creuser dans son jardin.

Le Christianisme, à l'exemple d'Abraham, a choisi un lieu commun de sépulture pour les siens, un champ distingué des autres par la bénédiction religieuse et fermé à tout, par un mur de clôture, pour ne s'ouvrir que devant la mort chrétienne : c'est le cimetière qui caché d'abord dans les souterrains, dans les catacombes, pendant que les premiers fidèles étaient obligés de fuir l'idole et César, comme nous l'avons dit, devint public au moyen-âge, prit place dans les villes, au centre des cités, dans l'intérieur même des églises, d'où notre législation moderne l'a chassé pour le reléguer, plutôt par horreur de la mort que par salubrité, loin des yeux, hors de l'enceinte, par-delà les remparts.

Cependant la mort ne devrait avoir rien d'horrible pour un chrétien ; Jésus-Christ l'a ennoblie en s'y soumettant ; on peut aujourd'hui toucher le cadavre sans contracter la souillure judaïque et descendre au tombeau sans crainte d'y rester victime d'un sommeil éternel, après la résurrection du Sauveur ; mais la foi a été trop affaiblie dans l'esprit des peuples pour n'être pas impuissante encore à réconcilier la nature avec la mort. Ces mœurs antiques, on les retrouve dans nos monastères où rien n'a changé, et ce qui se passe encore chez nos Trappistines, à la cérémonie des funérailles, va nous faire juger de la familiarité qui existait entre les vivants et les morts dans un âge plus chrétien.

Quand la malade a expiré, on lave son corps respectueusement, on le revêt de ses habits de chœur, on l'étend sur le brancard, et la cloche sonne pour annoncer la délivrance ; mais le glas à la Trappe n'a rien de cette sonnerie funèbre qui jette dans les airs ses notes gémissantes, il chante au lieu de pleurer, il parle de résurrection plutôt que de mort. Quelques moments après les Sœurs arrivent en procession, le prêtre fait la levée du corps au chant du *Libera* et le cortège se remet en marche, accompagnant la morte portée sur les bras de quatre Religieuses. On la descend à l'église, où elle est déposée, les pieds tournés vers la grille, quelques cierges à ses côtés, la croix et les acolytes à un bout, l'eau bénite et l'encens à l'autre, et le Psautier commence en disant au singulier toutes les prières pour la défunte.

On ouvrait la grille autrefois, afin que les personnes du dehors, voyant le corps de la défunte, fussent excitées à prier Dieu pour le repos de son âme ; aujourd'hui la clôture est plus sévère, sans quoi je vous dirais : Approchez et vous verrez la morte étendue sur un brancard, la coule par-dessus, le voile sur la tête, le visage à découvert, une couronne de fleurs sur le front et un crucifix à la main ; on dirait qu'elle prie, attentive à la psalmodie que les deux Sœurs récitent pour elle : regardez, et vous ne vous en retournerez pas sans avoir partagé l'illusion de Tertullien, qui assure avoir vu ce spectacle : « une femme chrétienne, morte dans la fleur de l'âge et de la beauté, prendre part, d'une manière ostensible, à la cérémonie de ses funérailles : elle s'était endormie dans le Seigneur, du sommeil de la paix ; avant que l'on procédât à sa sépulture, au moment où le prêtre ouvrit la bouche pour prier, au premier souffle de l'oraison, elle écarta les mains de sa poitrine, les joignit en croix, et puis, les prières terminées, elle les laissa retomber à leur place. »

Le corps n'est jamais seul et sans lumière, ni le jour, ni la nuit, chaque Sœur vient veiller à son tour, et l'office des morts ne finit que pour recommencer, sans interruption, sur le ton de la psalmodie.

L'heure de l'inhumation étant venue, la cloche donne le signal, les Religieuses quittent leurs travaux et vont prendre place dans leurs stalles, debout et tournées en chœur. La cérémonie commence, le prêtre récite les oraisons, asperge le corps, donne le coup d'encensoir et on entonne le psaume du départ : *In exitu Israël......* David le chanta au souvenir de Moïse délivrant son peuple, et les Trappistines le répètent sur ce cercueil pour célébrer une nouvelle délivrance; car la terre pour elles est un exil, la vie une captivité, le monde une autre Egypte : bénie soit la mort qui vient affranchir l'âme gémissant, pauvre esclave, sous le poids de ses fers! Le convoi s'avance sur deux rangs, précédé d'une croix, défilant vers le cimetière où une tombe, creusée d'avance, attend celle qui plus d'une fois, peut-être, était descendue vivante dans le cercueil, comme pour bien le mesurer à sa taille ; imitant l'acte de Charles-Quint, moine de Saint-Just qui, couché dans une bière, fit célébrer ses obsèques la veille de sa mort. La Sœur infirmière y entre la première pour recevoir ce corps qui va être déposé dans la fosse, sans bière, comme dernière preuve de pauvreté ; elle l'accueille, les bras ouverts, dans ses mains charitables, le dispose décemment et lui couvre le visage du voile qui était le symbole de sa mort au jour de son existence. Le Père Aumônier jette une pellerée de terre sur le corps de la défunte et les Sœurs qui l'ont portée, achèvent pieusement de la recouvrir. Aussitôt toutes ses compagnes se prosternent sur les articles des doigts, afin de demander à Dieu, avant de se séparer, miséricorde, grâce et pardon pour l'âme de leur sœur : l'une d'elles, à la voix suppliante, entonne trois fois, sur un ton toujours plus élevé, l'antienne de la pitié, *Domine miserere*, et toutes ensemble, d'une voix unanime, répondent avec le même accent *Super peccatrice, Seigneur, ayez pitié de cette pécheresse*. Ce cri perçant qui retentit au loin, ce gémissement prolongé qui termine la cérémonie, déchire le cœur et arrache des larmes..... Demain, pour tout monument, pour tout mausolée, pour toute pyramide, une croix de bois, vrai symbole d'immortalité, s'élèvera sur cet humble tertre qui renferme les dépouilles d'une sainte, inconnue au monde, en attendant la résurrection.

Après cela il reste encore un dernier devoir à remplir, faire part de cette nouvelle à toutes les maisons de l'Ordre, qui sont comme les membres disséminés de la même famille : la Trappe a aussi ses lettres de deuil, ses billets de mort, à envoyer dans tous les monastères de la Congrégation, rédigés d'après la formule suivante, sans autre titre que celui de la profession religieuse :

Hier..... est décédée dans notre monastère de.... Ordre de Cîteaux, Congrégation de la Trappe, primitive observance, notre chère Sœur N... Nous la recommandons à vos prières et à vos saints sacrifices, vous promettant les mêmes secours pour les vôtres.

Requiescat in pace. Amen.

Chaque prêtre appartenant à la Congrégation doit, à la réception de cette lettre, prier pour elle à la messe, et la prière, dans la maison de la défunte, se continue pendant trente jours, on y offre même trois fois le saint sacrifice à son intention ; chaque Frère, chaque Sœur doit réciter un psautier pour elle et pendant tout le tricénaire on sert au réfectoire, attention délicate, son dîner et son souper, pour le donner aux pauvres après la desserte.

Tels sont les soins que la Trappe prend de ses morts ; elle ne les délaisse pas, ne tourne pas le dos au cadavre, après avoir jeté le linceul sur sa face, pour le livrer à des mains mercenaires, elle l'inhume elle-même, sans le secours de l'étrangère, et accompagne de ses prières l'âme de la Sœur au ciel.

Le cimetière, lieu de sépulture partout, sert à la Trappe de promenade aux vivants qui viennent parfois dans la journée errer solitaires, au milieu des tombeaux, en pensant à la fragilité des choses humaines.

La Trappistine ne manque pas aux heures d'intervalle, d'aller méditer silencieuse à travers les cyprès, sur le sol mouvant de la mort, qui ouvrit hier un sépulcre à l'une de ses compagnes et qui ouvrira demain peut-être celui où elle doit se coucher : elle marche pensive, lisant quelques épitaphes, pesant la cendre funéraire, demandant à la mort un remède contre la crainte de la mort, et répétant comme ce poète Anglais, qui chercha aussi dans les cimetières ses inspirations, ses plaisirs et ses consolations : « O « mort! j'éprouve des attraits à penser à toi, » tu seras ma libératrice, ma récompense et » ma couronne; tu seras le terme de toutes » mes peines, et déjà tu fais naître dans mon » âme une joie dont le sentiment est éternel » dans l'âme et dont la source intarissable est » dans le sein de mon Créateur. O mort! qui » dois me rendre plus de biens que je n'en ai » perdus en quittant l'Eden, vue de près, au » lieu de paraître environnée de l'appareil de » terreur, tu n'offres à mes yeux qu'une reine » pacifique.... Oh quand mourrai-je aux va- » nités, à la peine, à la mort! quand mour- » rai-je..... pour vivre toujours ! »

Là son cœur se détachera de la terre, son âme s'élèvera et sa vertu grandira ; elle apprendra à l'école de la mort à renouveler sans peine, chaque jour, les vœux de sa profession ; et, de retour à son couvent, elle sera plus humble encore, plus détachée et plus mortifiée que la veille. Le tombeau a ses enseignements, ses leçons et son éloquence, une voix qui sait instruire, persuader et émouvoir; il prêche la morale en humiliant l'orgueil, en flétrissant la beauté, en dissolvant toutes choses; rien n'échappe à ses réseaux indestructibles, tout s'y prend, excepté la vertu, grandeurs, richesses et plaisirs. La vie est comme le songe de Nabuchodonosor, belle figure, tête d'or, poitrine et bras d'argent, ventre et cuisses d'airain, jambes de fer, mais pieds d'argile; la statue marche, se meut, heurte et vient se briser contre la pierre du sépulcre, suivant la belle image d'un prophète : « Vanité des vanités! » s'écrie la Trappistine, en levant les yeux vers le ciel, et ces paroles ont plus de retentissement ici que sur le trône de Salomon; car, prononcées dans un cimetière, elles trouveront un écho dans chaque tombe.

On appelle intervalles à la Trappe ces moments libres qui se trouvent entre deux exercices dont l'un est fini et dont l'autre ne commence pas encore; il sont plus ou moins longs selon les circonstances, la règle n'en a point déterminé l'usage afin d'en laisser l'emploi aux besoins particuliers de chacune. La Trappistine se recueille alors, se replie sur elle-même, rentre en soi et va, suivant ses inclinations naturelles, prier à l'église, lire au cloître, ou méditer au cimetière. « Allez visiter les tombeaux, disait saint Jean-Chrysostôme aux habitants de Constantinople, cette promenade vous ramènera efficacement à la modestie et à la sagesse ; la vue de la mort ranime la tiédeur, excite la piété, console de la pauvreté, corrige l'orgueil et prévient les abattements du malheur autant que les enivrements de la prospérité. Tout cela dure si peu ; vous avez commencé la journée, êtes-vous sûrs de la finir ? Ce n'est pas dans le tourbillon des villes que ces réflexions viendront se présenter à votre esprit ; sortez de cette bruyante enceinte, allez voir les cimetières, et, au milieu de ce peuple de morts, votre esprit s'élèvera sans efforts au-dessus des misérables affections de la terre, il prendra un essor sublime vers la patrie où l'on ne meurt pas. »

La Trappistine, défiante par humilité, éprouvant de temps à autre le besoin de retremper ses forces, de relever son cœur, et de ranimer son courage, se rend au cimetière dans ses heures de défaillance, s'enfonce dans les sombres allées, y promène ses pensées solitaires, lit ses prochaines destinées écrites sur la pierre du sépulcre et apprend, comme saint Paul, « à mourir tous les jours. »

Je l'ai vue quelquefois, à la mort d'une Sœur, aller creuser la fosse de ses mains et baisant de sa bouche la tombe sépulcrale, s'y agenouiller un moment comme pour demander à Dieu de faire de cette fosse ouverte le berceau de son immortalité :

« O mon Dieu, ne prolongez pas trop mon
» exil sur la terre de Cédar ; mon âme, étran-
» gère ici-bas, désirerait revoir la patrie ; je
» me meurs, comme Thérèse, du regret de
» ne pouvoir mourir ; commandez-lui de par-
» tir, et mon corps se couchera dans ce lit
» mortuaire, en disant à la terre, au ver et
» à la pourriture : Vous êtes ma mère, mon
» frère et ma sœur. »

L'imagination, on le comprend, s'exalte pieusement dans ces excursions fréquentes sur la terre de la mort, où tout impressionne fortement la nature, cyprès lugubres, ossements desséchés, sol fraîchement remué, croix funèbre, tombes fermées et sépulcre ouvert. La Trappistine trouve dans ces méditations éloquentes, sans parler de la grâce qui la soutient, le moyen le plus puissant peut-être de surmonter les faiblesses de son sexe, de mépriser le cri de la chair, et de mener jusqu'à la fin une vie d'ange avec un corps de boue.

XI.

LE CLOITRE

Il est bon de l'observer, chaque religion a produit des moines, les hommes officiels de la pénitence, sans en excepter la religion musulmane, dont la volupté néanmoins était l'idole : le Coran a eu ses derviches. Ainsi la pénitence a été pratiquée partout, dans chaque culte, je l'avoue, tout en me réservant d'ajouter qu'elle n'a été bien comprise qu'à l'école du Calvaire.

D'après l'idée chrétienne, la pénitence consiste à mortifier sa chair, mais en faisant de la mortification le moyen de se sanctifier et non un but : on ne jeûne pas pour jeûner, on ne prie pas pour prier, on n'observe pas le silence uniquement pour se taire ; ce serait faire pénitence à l'instar des bonzes Chinois, des brahmes Indiens, des talapoins Siamois et des lamas Tartares, qui mesurent les degrés de leur vertu sur la grandeur des macérations. Le chrétien, plus instruit, jeûne pour affaiblir sa chair, prie pour ne point entrer en tentation, et se tait pour ne point pécher par la langue; il rejetterait la mortification comme un suicide, s'il n'y trouvait le moyen le plus puissant d'expier ses fautes, de redresser ses penchants et de vaincre ses passions; mais il la regarde, médecin instruit, comme la potion amère qui doit lui rendre la la santé.

Il n'en est pas ainsi en dehors de l'idée chrétienne où les macérations effraient au lieu d'édifier : l'un tatoue son corps, l'autre mutile ses membres, un troisième, armé d'un coutelas, s'ouvre le ventre (1). Vous diriez que l'esprit de la destruction pousse ce malheureux; il s'estropie sans ménagement, il frappe en aveugle, sans trop savoir pourquoi : c'est une immolation sans but, qui n'a rien de méritoire, c'est un sacrifice sans

(1) Voir les cérémonies barbares et diaboliques du lamaïsme dans la Tartarie, racontées par l'abbé Huc, prêtre missionnaire, dans ses *Souvenirs de Voyages*.

offrande, une victime sans sacrificateur, le boucher et non le prêtre, l'abattoir plutôt l'autel. Ah! que le philanthrope s'émeuve, crie et réclame, ici je le comprends : l'humanité souffre de ces excès, la nature gémit et la raison s'indigne, ne pouvant appeler que cruauté, fanatisme et suicide un acte qui n'est ni piété, ni religion, ni sacrifice. La mortification chrétienne n'a rien dans son histoire qui dépasse les rigueurs de la Trappe, où il est permis, on l'a vu, de fouetter le membre rebelle, mais sans le détruire, de faire jeûner son estomac, mais sans lui refuser le nécessaire, de s'infliger mille pénitences, mais sans jamais outrager la nature.

Il est bien arrivé parfois, je veux tout dire, à l'esprit de mortification d'aller trop loin, de franchir les limites sagement fixées par l'Eglise, et d'être, dans un accès de fièvre mystique, plus cruel que pieux, comme Origène; il est difficile de bien mesurer tous ses coups, de frapper toujours juste, surtout quand la pénitence devient une passion qui a ses plaisirs, son exaltation et ses extases, pouvant amortir par les joies du cœur les sensations de la douleur physique; mais alors ce châtiment revêt un autre caractère, religieux et sacré : c'est la flagellation du Christ et non l'incision barbare du lama ; le sang peut couler, mais on le verse pour une sainte cause ; la vie peut s'éteindre, mais la mort tient du martyre ; la nature succombe, mais le corps sert de victime à un holocauste. La raison, d'accord avec l'Evangile, défend de se détruire, je le sais, mais on peut quelquefois *arracher l'œil qui scandalise, couper le membre qui gêne*, prendre en un mot *la lettre qui tue* sans contrarier *l'esprit qui vivifie*. Saint Ambroise en cite un exemple, un beau trait auquel il n'a pas craint d'accorder les grâces de son style, le fait héroïque de sainte Pélagie, que je vais traduire; il servira de confirmation à notre thèse, il fera sentir, mieux que nos réflexions, que le but quelquefois peut légitimer les moyens, que les austérités du cloître peuvent être excusées, même dans leurs excès, que l'on peut se donner la mort, dans certains cas, sans encourir la flétrissure du suicide; provoquer les liens dans l'amphithéâtre, comme Ignace ; se jeter au milieu des flammes comme Apollonie, et même demeurer sainte en se précipitant du haut d'un toit, comme la vierge d'Antioche.

Pélagie avait quinze ans.... un jour la per-

sécution, qui en voulait à sa foi et à sa virginité, la surprit dans son logis; elle était seule, sans secours, en l'absence de sa mère et de ses sœurs ; mais Dieu vint à son aide, et, dans un moment d'inspiration : « Virginité
» captive, s'écria-t-elle, que vas-tu devenir?
» Je puis te sauver en mourant, mais la mort,
» si je me la donne, sera peut-être un crime...
» Non, Dieu en a fait pour moi le seul re-
» mède à un grand mal, ma mort ne sera
» pas criminelle ; il la veut, une voix inté-
» rieure me le dit.... Si mon corps tombait
» vivant dans leurs mains, il servirait de
» victime aux autels sacrilèges, de jouet
» peut-être à des passions brutales... Courage,
» vierge chrétienne, si tu ne peux plus sau-
» ver ta vie, sauve du moins ta vertu. » Elle dit, et mettant une couronne sur sa tête, une robe de noces sur son corps, l'épouse du Christ trouva dans la mort le moyen de demeurer fidèle à son époux, en ne laissant que le cadavre entre les mains de ses ennemis.

Je pourrais encore mentionner ici l'exemple de sa mère et de ses sœurs, qui, poursuivies à leur tour, sans autre moyen d'échapper à leur brutalité, se jetèrent dans les eaux d'un torrent où elles furent ensevelies. La mère les prit par la main, s'avança résolue et entra dans le fleuve, joyeuse comme si elle eût mené un chœur ; le courant les entraîna, et cette femme, jouant le rôle de prêtresse, héroïque dans sa conduite, sublime dans son langage : « Seigneur, s'écria-t-elle, en levant les yeux » au ciel, je vous immole ces victimes, agréez » l'offrande de leur virginité et le sacrifice de » leur vie. »

L'homme sans foi pourra dire, c'est une noyade, mais le chrétien doit répéter avec saint Ambroise, c'est un second baptême. Si l'esprit d'un écrivain moderne, trop connu, avait pu saisir cette nuance, il n'aurait pas dit *que la vie monastique n'est autre chose que le suicide chrétien substitué au suicide païen de Caton, de Brutus et de Cassius*; mais l'idée était hardie, la phrase audacieuse et l'expression insultante, il n'en fallait pas davantage pour décider cette plume à l'écrire. Il faut cependant aimer les contrastes outre mesure pour oser comparer le cordon du capucin à la corde d'un pendu, la discipline armée de pointes au poignard et le cloître à la tombe ; seul un écrivain inconsidéré pouvait se tromper à cette ressemblance. Le moine sans doute s'arme d'un fouet contre sa chair, mais c'est pour châtier ses révoltes ; il ceint ses reins d'une ceinture, mais afin de mettre un frein à ses convoitises ; il s'ensevelit dans le cloître, mais il y vivra, dans la résignation, dans la prière et la pénitence, en attendant patiemment le moment de mourir. Le monastère donc n'est pas le refuge du désespoir, la retraite du fuyard et la cachette du vaincu ; il est l'asile de l'espérance, l'abri de la vertu, le vrai champ de bataille : Caton aurait eu trop d'orgueil pour être solitaire, Cassius trop d'indépendance pour être Trappiste, et Brutus n'aurait pas eu assez de vertu.

Au reste tout dépend, dans un jugement à prononcer, du point de vue où l'on se place. Si on est assez matérialiste pour soumettre l'esprit à la chair, pour sacrifier les joies du cœur aux plaisirs des sens et la morale chrétienne à la volupté païenne ; si Épicure avait raison, nos adversaires ont dit vrai : *la vie monastique est un suicide, c'est la mort dans la tombe.* Mais si on étudie sérieusement la nature humaine ; si on connaît son histoire assez pour être convaincu, avec la philosophie spiritualiste, tant ancienne que moderne, que l'homme est un être immortel composé de deux parties, « l'une plus puissante et meilleure destinée à commander, l'autre inférieure et moins bonne qui doit obéir, que l'âme est après Dieu ce qu'il y a de plus divin ; » si Platon ne s'est pas trompé en subordonnant le corps à l'esprit, il faut voir dans la vie monastique *le plus noble effort de l'homme vers la vie pleine, parfaite; et le cloître, séjour des têtes désespérées, deviendra l'école des héros.* (1) Le corps y obéit soumis à une discipline rigoureuse, d'après les ordres d'une volonté souveraine, qui a le droit de commander à des organes faits pour la servir : la chair est cette esclave de naissance qui tenant tout de son maître, l'existence, l'entretien et la vie, doit travailler pour lui, vivre sous ses lois et user ses forces à le servir.

La philosophie seule suffit à reconnaître cette vérité ; mais la Religion en traitant ce sujet, a d'autres considérations à faire, de plus grandes idées à émettre, un langage mieux éloquent. La foi chrétienne, toujours armée d'une croix, en montre aux hommes le crucifix et leur dit : Voilà le modèle qu'il faut imiter, L'HOMME par excellence, celui qui vous a donné l'exemple le premier, afin que vous fassiez tous comme lui. Et la nature humaine,

---

(1) De l'Education de l'Homme, par l'abbé Martinet.

aidée de la grace, renonce au plaisir pour suivre les traces du Crucifié, sur la route du Calvaire, où, avant de mourir, elle doit relever à coups de verges les faiblesses de la chair : c'est le Cyrénéen portant la croix, les filles de Jérusalem suivant leur nouvel époux, Madeleine renonçant à ses autres amours pour se livrer, tout entière, à la passion du Christ. — C'est une folie, dira toujours le monde. — Oui, mais cette folie a tourné la tête à des millions d'hommes désireux de porter les stigmates de la flagellation, et à des milliards de femmes, qui, éprises de ce nouveau Salomon, lui ont tout sacrifié, leur virginité, leur grâces, leur vie même parfois, pour devenir les royales épouses du plus grand des souverains. Saint François de Sales en a dit la raison dans ce chapitre qui termine son livre admirable de *l'Amour de Dieu*, où il appelle naïvement le Calvaire « la vraie Académie de la dilection, le mont des amants, à cause de l'excès d'amour dont il a été le théâtre, par lequel la vie fut ravie à l'amant pour être donnée à la bien-aimée. »

Ce grand fait qui domine l'histoire devait porter ses fruits : c'est lui qui a peuplé les monastères et rempli les couvents de Religieux et de Religieuses s'enfermant au cloître pour mieux s'immoler à Jésus-Christ. Il sera sans doute permis à la nature de ne point s'épargner pour celui qui ne s'est pas épargné pour elle et il faudrait, ce me semble, avant de faire le procès à l'homme qui veut mourir pour son Christ, intenter une action au Dieu qui est mort pour nous.

Le mot cloître, en prenant la partie pour le tout, est synonyme de monastère, d'après le langage reçu dans le monde, qui l'emploie trop souvent en mauvaise part, ce qui nous a décidé à insérer ici cette digression sur les austérités monastiques, qu'on exagère volontiers pour mieux les blâmer et dont quelques chrétiens acceptent trop facilement la censure, ne sachant pas, pour les défendre, les montrer sous leur véritable jour.

Cependant le mot cloître ne désigne, par sa signification véritable, que la galerie intérieure qui relie ensemble les divers corps de la bâtisse, servant de passage commun, d'issue pour aller d'un endroit dans un autre, de lieu de procession aux Religieuses qui le parcourent, le Dimanche des Rameaux, par exemple, en tenant des palmes dans leurs mains.

Il ne faut pas, a dit un écrivain, « se représenter le cloître tel qu'il règne aujourd'hui autour de nos cathédrales, désert, triste et froid, avec ses fenêtres privées de verres : le cloître au moyen-âge était le vrai paradis du moine ; *par son royal rempart de discipline*, il séparait le religieux du monde et offrait une image de la paix du ciel. » Là le chantre étudiait ses leçons, le novice apprenait le Psautier et le profès lisait en silence, la tête couverte du capuchon, en signe de recueillement ; là Bernard médita les saintes Ecritures, Rancé promena ses secrets et Abélard épura ses affections ; là les riches venaient jeter leurs trésors et les grands déposer leur puissance, Amédée son sceptre, Charles-Quint sa couronne et plusieurs princes, regrettant de n'avoir pu y passer leur vie, y envoyaient leur dépouille mortelle, y fesaient déposer leurs cadavres ; là enfin il était permis au moine, à cette époque, de prendre la plume pour faire la leçon aux rois. La Patrologie, éditée par l'abbé Migne, renferme un curieux document à cet égard, c'est la lettre que frère Hugues écrivit au roi Philippe pour l'engager naïvement à échanger son royaume contre le royaume du ciel.

Cloître de Cluni, l'an 1106.

Frère Hugues, Abbé de Cluni, à Philippe roi de France par la grâce de Dieu, gloire et salut.

« Dieu qui nous a ouvert la porte de l'amitié

pour arriver jusqu'à vous, afin de vous parler plus familièrement, veut que je vous dise, tout d'abord, que vous étiez depuis longtemps l'objet de mes pensées et de mes prières. J'ai demandé souvent au Seigneur d'incliner vos penchants, de diriger vos efforts et de tourner votre volonté vers lui qui est le seul, le vrai et le souverain bien. O mon royal ami, vous vous en souvenez, plusieurs fois vous m'avez demandé si jamais prince s'était fait moine...... Ici il lui cite l'exemple de Gontrant retiré dans le cloître et il termine en ajoutant : Faites comme lui, venez et nous sommes prêts à vous recevoir en roi, à vous traiter en roi et à vous obéir en humbles sujets; venez et nous prierons le Roi des rois, dévotement, pour vous qui de roi serez devenu moine par amour pour lui, afin qu'il vous rétablisse dans vos droits, et un jour le moine redeviendra roi, non sur un petit coin de terre pendant un jour ou deux, mais dans le grand empire, au ciel où votre règne n'aura plus de fin. Ainsi soit-il. »

Le conseil ne fut pas écouté, mais l'abbé avait raison; l'abdication qu'il lui proposait n'était pas une lâche retraite; le monachat aux yeux de la foi est préférable à la royauté : le roi conduit un peuple, commande des armées et domine le sénat; mais le moine règle, maîtrise et discipline ses passions, ce qui est un empire plus relevé : l'un tend la main à ses sujets pour avoir des impôts, une liste civile, et l'autre donne sans rien demander : le premier dans toute sa richesse éprouve des besoins encore et le second dans sa pauvreté a toujours assez; en un mot on descend du trône pour aller au cloître et on ne quitte le cloître que pour monter au ciel. Le B. Séraphin d'Ascoli *n'aurait pas, pour l'univers entier avec toutes ses couronnes, donné,* disait-il, *un pouce de sa ceinture de moine.*

D'autres fois les princes écrivaient eux-mêmes pour prendre les conseils d'un humble Religieux et la réponse du moine, fruit de ses méditations au cloître, devenait, quelques jours après, une loi d'Etat réglant les affaires de tout un royaume. On connaît la correspondance suivie de la Sœur Marie d'Agréda et de Philippe IV, qui pliait son papier par le milieu et écrivait à mi-marge de sa propre main, laissant l'autre à l'écriture de la Sœur; on connaît ces lettres où le roi d'Espagne la consultait sur les plus graves événements de son règne, et les réponses de cette fille étonnante devenue ministre d'Etat, sans sortir de son couvent, qui soutenaît le courage défaillant du monarque en lui écrivant « que la sagesse de Salomon, la beauté d'Absalon, la force de Samson, les longues années d'Enoch, la richesse de Crésus, et la puissance d'Octave, ne servent de rien sans la vertu, et que celui qui la possède met sa joie à l'exercer : L'homme sage et prudent, disait-elle, se réjouit si on lui propose des difficultés à résoudre ; le juge s'applique à la répression des fautes et au châtiment des coupables ; le brave capitaine trouve sa gloire dans les combats, et sa Majesté Catholique devrait, en vue du Christ, se réjouir dans les tribulations et se complaire dans la croix (1). » Incapable de devenir un grand roi, Philippe IV laissa démembrer son empire ; mais, grâces aux bons conseils

---

(1) *La Sœur Marie d'Agréda et Philippe IV, correspondance inédite, publiée par Germond de Lavigne, lettres 16 et 24.*

La vénérable Marie de Jésus, Abbesse du monastère de l'Immaculée Conception, naquit en 1602 et mourut en 1665. Cette pieuse fille a écrit par inspiration divine, assure-t-elle, la *Cité mystique de Dieu*, ce célèbre ouvrage, qui a triomphé des censures de la Sorbonne, car plusieurs papes en ont autorisé l'impression, la vente et la lecture, Benoît XIII, entre autres, qui signa le 21 mars 1729, un décret permettant de poursuivre devant la Congrégation des Rits, l'instance en canonisation de la Vénérable Mère, dont la cause était déjà introduite et approuvant son livre au point de déclarer inutile un nouvel examen, *mandavit ut causa prædictæ servæ Dei prosequatur in sacrá Rituum Congregatione absque novo examine librorum Mysticæ Civitatis Dei iidemque libri retineri et legi*

de la Sœur, en perdant le Portugal, la Catalogne et le Brésil, il put sauver la monarchie Espagnole, dont le sceptre aurait échappé, sans elle, à ses débiles mains.

Le cloître est aujourd'hui ce qu'il a été dans les âges passés, un péristyle intérieur qui sert de vestibule à l'église, au réfectoire, au chapitre et au dortoir, une salle de pas-perdus, en quelque sorte, destinée à tout usage quelconque, sans être affecté particulièrement à aucun. Le Religieux s'y livre à divers exercices, chacun selon ses goûts; il lit, il contemple, il médite, il étudie, il écrit, maître de lui à certains moments de la journée, libre d'employer comme il l'entend cette demi-heure que la règle ne lui a pas prise. Cependant il est d'usage à la Trappe d'y faire la lecture spirituelle en commun, en choisissant de préférence à tout autre livre la vie des anciens Pères, dont les vertueux exemples répétés aujourd'hui dans

---

possint. Le procès est encore pendant à Rome, mais la *Cité mystique*, évidemment, est l'œuvre d'une sainte, et le 19e siècle, qu'on peut déjà appeler le siècle de Marie, ne se terminera pas peut-être sans canoniser celle que Joseph-Ximénès Samaniego, son biographe, appelle « la secrétaire choisie de Dieu pour écrire l'histoire de sa très-sainte Mère. » *Ses miracles sont nombreux*, disait l'évêque de Tarazone, son diocésain, *mais on n'aura pas besoin d'autres miracles que ses écrits.*

une leçon, seront imités demain, et reproduits par ceux qui les entendent. Le cloître donc prête une voix aux morts pour prêcher les vivants, sert d'écho à saint Benoît, à saint Bernard, et à toute la tradition cénobitique pour instruire leur nombreuse postérité, et devient comme cette chambre réservée aux ancêtres, dans nos vieux manoirs, qui renfermait tous les portraits de la famille, appelée *la Salle des Aïeux*, où le descendant d'une illustre race n'entrait jamais sans sentir battre son cœur, et sans entendre une voix mystérieuse qui disait à son oreille que *noblesse oblige* : chaque bouche semblait s'ouvrir pour répéter un mot traditionnel, regardé comme la plus noble portion de l'héritage, et qu'il n'était jamais permis de répudier, la devise du blason.

Le raprochement est d'autant plus exact que l'on enterrait autrefois dans le cloître, ce qui en faisait vraiment une salle mortuaire : les aïeux étaient là témoins de tout, au centre du monastère, et plus d'une fois sans doute le moine vit le fantôme de la mort, enveloppé de son blanc suaire, sortir du tombeau et s'asseoir sur la pierre sépulcrale pour faire la leçon aux vivants et rappeler le moine à son devoir.

XII.

LA CLOTURE.

Un saint évêque, quelques jours avant de mourir, écrivait à sa sœur, sous forme de testament, l'éloge de la virginité.

Léandre à Florentine,

« Vous êtes naturellement l'héritière de ma fortune, et je suis à me demander les biens que je dois vous laisser : l'or n'est que de la poussière, la grandeur n'est que mensonge, et le monde que vanités. Salomon l'avait bien reconnu : « J'ai bâti des maisons, disait-il, planté des vignes, clos des jardins, arrosé des arbres, et possédé de nombreux esclaves ; j'ai eu de l'or, de l'argent, de belles coupes sur table, des chanteuses dans mon palais, et de riches troupeaux dans mes étables ; j'ai donné tous plaisirs à mes yeux, toutes joies à mon cœur, et toutes voluptés à ma chair ; mais, loin d'être heureux, je n'ai trouvé dans tout cela que vanités, peines et afflictions, et la pensée que je n'avais travaillé que pour un héritier inconnu, m'a fait renoncer à tout pour m'adonner à la sagesse. » Cet oracle a guidé ma plume, et je vous aime assez pour ne point vous laisser les richesses qui gênent, qui troublent, et qui sont sans valeur. Vous avez mieux que cela, un bien préférable à tout, solide, durable et d'un grand prix, qui fait du Seigneur lui-même la portion de votre héritage, c'est la virginité : elle vous élève au-dessus de la terre, pour vous grandir et faire de vous la sœur des anges, l'émule de Marie et l'épouse du Christ....... Conservez-la précieusement, mettez votre gloire à demeurer telle que Dieu vous a faite, telle que vous êtes sortie de ses mains, et vous échapperez, plus heureuse qu'Eve, au pouvoir de l'homme et aux douleurs de l'enfantement. Je vous laisse, comme moyen de la conserver, une règle écrite de ma main qui sera pour vous toute la fortune de Léandre, votre frère. »

Florentine déjà était Religieuse, vivant retirée dans un monastère; mais, pour mieux pratiquer la règle qu'elle venait de recevoir, où le digne évêque, entre autres lois, lui imposait celle de ne plus sortir de son couvent, on croit qu'elle fit cloîtrer la maison; et elle y persévéra jusqu'à la mort, dans sa nouvelle résolution.

La clôture, en effet, prévient les dangers, éloigne les occasions, barre l'entrée aux scandales du dehors, et devient comme la sentinelle qui garde le monastère, comme le fort qui surveille l'ennemi, comme le rempart qui protége la cité.

La discipline d'une maison repose, tout entière, sur ce point de la règle, ferme si la clôture est bien observée, relâchée au contraire si elle ne l'est pas dans toute sa rigueur. Une preuve historique vient à l'appui de notre assertion : jamais dans ces âges de décadence où les Ordres religieux baissèrent au niveau de leur siècle, les couvents de femmes n'ont offert au même degré que les monastères d'hommes le spectacle honteux d'une communauté en désordre; les règles y ont été un peu plus respectées, les vœux moins violés, et les réformateurs ont eu moins à réformer, chez les Bénédictines que chez les Bénédictins, par exemple : les vices qui régnaient à Cluni rendirent la réforme de Cîteaux nécessaire, mais ce besoin impérieux de rétablir l'ancienne discipline était bien loin d'être aussi pressant chez les filles de saint Benoît. Il y a sans doute, à cette différence remarquable, plusieurs raisons explicatives, la modestie naturelle au sexe, la réserve qui lui est commandée, et le sentiment religieux plus prononcé dans la femme; mais la clôture, plus rigoureuse chez elles que chez eux, mieux observée surtout, n'a pas été étrangère à ce résultat : les bruits du siècle y entraient plus difficilement, et, la Religieuse ne sortant jamais, l'esprit laïc, que le moine prenait insensiblement au contact du monde, sans trop s'en apercevoir, ne pouvait point s'accrocher, mal contagieux, à la robe de la Religieuse et suivre ses pas pour franchir avec elle le seuil du cloître.

Les moines, sans doute, ont toujours été assujettis à la clôture, mais la règle, moins sévère à leur égard sur ce point, ne la leur impose que comme réglement disciplinaire dont l'Abbé peut dispenser au besoin ; tandis que la clôture, dans un couvent de femmes, entre pour quelque chose dans les vœux de leur profession et est devenue pour elle une loi générale de l'Eglise, inviolable et sacrée, sous la garantie épiscopale.

Cette loi date de Boniface VIII, au treizième siècle, dont la constitution a été renouvelée par un décret du Concile de Trente : « Nous défendons à toute Religieuse de sortir de son monastère après la profession, même pour un instant, sous aucun prétexte, excepté pour une cause grave approuvée par l'évêque... Il est pareillement défendu à qui que ce soit, sous peine d'excommunication encourue par le seul fait, d'entrer dans le cloître des Religieuses sans une permission de l'évêque, permission qui ne doit et ne peut se donner que dans le cas de nécessité. »

Le Concile est formel dans son langage, autant qu'il puisse l'être ; il protége de son autorité la femme qui se retire du monde, *aimant mieux vivre sous la crosse de l'évêque que sous le sceptre d'un roi*, comme on le disait au moyen-âge, et devient son défenseur au point de frapper d'excommunication ceux qui ne respecteraient pas sa solitude.

La clôture, néanmoins, ne brise pas toutes les relations de la femme : on peut penser à sa famille et à ses amis dans le cloître; on peut se présenter au parloir, si on vous demande, et correspondre même par lettres; mais, nous devons le dire, tant que la règle, qui « ne demande pas une entière séparation du monde, parce qu'il est difficile de persuader cette doctrine aux gens du siècle», ne fera pas de cette tolérance un article obligatoire pour les Sœurs, la Trappistine montrera beaucoup d'éloignement pour le parloir : la solitude, quand on l'aime, est un ciel qu'on ne consent pas à quitter pour revenir sur la terre.

Cependant, la clôture la plus rigide doit lever ses barrières, lorsque le cas l'exige : les portes s'ouvrent toujours devant l'Evêque quand il se présente au nom de l'Eglise; devant l'Abbé qui vient, au nom de son Ordre, visiter le monastère; devant le confesseur, si son ministère l'appelle dedans; devant le magistrat, s'il représente la loi, ou devant toute autre nécessité qui pourrait exiger la présence d'un séculier dans la maison. Mais, tout en introduisant l'étranger, les Sœurs prennent encore certaines précautions qui varient dans chaque Ordre.

A la Trappe, la Sœur qui est rencontrée

par quelqu'un, doit laisser tomber son voile, couvrir son visage et se retirer à l'écart ; quand le séculier entrera dans la maison, « il sera, disent les constitutions, toujours accompagné de deux Sœurs ; la plus jeune marchant la première et sonnant une clochette, et la seconde marchant par derrière, toutes deux étant voilées. » Ce son de cloche est un signal destiné à avertir les autres Sœurs, qui ne doivent pas être vues.

Les esprits forts pourront sourire en lisant ces détails, appeler ces précautions puériles, et, peut-être même, car il faut tout prévoir, essayer à ce propos de répandre quelques insinuations calomnieuses en disant que le cloître ressemble bien peu à *la maison de verre* qui convient au philosophe. Le Sage qui la demandait, l'eût habitée, c'est possible, mais par orgueil, de la même manière *qu'on porte de vieux haillons quelquefois,* disait Antisthène, *pour laisser voir, à travers les trous de son manteau, beaucoup de vanité.*

Non, le couvent n'est pas *une maison de verre;* l'humilité chrétienne, qui *doit cacher à la main gauche les bonnes œuvres de la droite,* ne le veut pas. L'œil de Dieu surveille la maison, l'homme n'a rien à y voir, et les

Trappistines ne se cachent à nos regards par un mur de clôture que pour travailler plus librement et plus humblement à leur salut, loin de la société; le même esprit, qui leur a inspiré le vœu de virginité, les a enfermées dans le cloître; elles n'ont vu dans la bague de l'épouse qu'un anneau de servitude.

ÉPILOGUE.

UNE RETRAITE A LA TRAPPE.

Il est dans la vie des moments de lassitude, de découragement et d'ennui qui viennent parfois, en allongeant les heures, doubler le temps de la journée; on regarde sa pendule, l'aiguille ne marche plus, le cadran marque toujours la même heure et la minute dure un siècle; on languit dans l'irrésolution de toutes choses, l'existence devient pesante, on éprouve le besoin de changer d'atmosphère. Vous le savez, Mesdames, par expérience sans doute, car vous sortez quelquefois pour aller chercher, dans une promenade, à la campagne, l'antidote à ce poison; désormais, pour mieux faire, vous pourrez demander ce remède à la religion, vous pourrez aller faire une visite à la Trappe. Déjà, plusieurs d'entre vous y sont venues, Trappistines d'un jour, passer la semaine dans l'isolement, le silence et la prière, préférant le repos de la cellule aux fatigues du salon. Interrogez-les, et comme la princesse de Condé qui se trouvait, disait-elle, *nourrie, couchée, vêtue et logée délicieusement*, elles vous vanteront le séjour de la Trappe, vous diront, mieux que nous, l'indépendance de la solitude, le calme de la retraite, la paix de la conscience, la rapidité du temps, l'oubli des heures, la variété des exercices, la tranquillité de l'esprit, les joies du cœur, les ravissements de l'âme et les délassements du corps : on échappe, pieuse évasion, à la société et à la famille, on se soustrait à toutes les misères de la vie humaine, et on va, loin du monde, du bruit et des soucis, reprendre haleine, ranimer ses forces, relayer, passez-moi le mot, avant de courir une autre étape sur le chemin de la vie.

C'est le langage, dans son expression même, que saint Jean-Chrysostôme adressait aux matrones de l'Empire, en comparant la vie du chrétien à l'existence nomade des Scythes qui vivent sur des chariots sans avoir de demeure fixe. Il disait aux dames d'Antioche : « Sortez de vos maisons, au lieu d'en fortifier l'enceinte, membres de l'église militante, et allez apprendre à l'école du désert la stratégie de la vie chrétienne. La Thébaïde n'est plus qu'un vaste camp où l'on s'exerce au métier de la vertu sous les drapeaux du Christ. Le sexe, malgré sa délicatesse, y a envoyé ses phalanges saintes, ses pieuses amazones qui, armées, non du bouclier et du javelot, comme dans les républiques antiques, mais de la croix pour repousser les attaques d'un ennemi invulnérable à toute autre arme, habitent des cellules aussi faciles à plier qu'à dresser et vivent sous la tente, n'ayant, comme le soldat en guerre, que du pain pour nourriture, l'eau du torrent pour breuvage, et une simple natte pour couche. On veille la nuit et on chante des hymnes au Seigneur, on travaille de ses mains le jour, et l'herbe verte leur sert de siége le soir pour manger le pain qui a été gagné ; vous croiriez voir renouvelé ce repas miraculeux que Jésus-Christ fit servir au peuple dans le désert. »

Excitées par ces paroles, les dames d'Antioche suivaient le conseil et allaient visiter les solitudes de la Syrie, d'où toutes ne revenaient pas.

Un autre jour, à Constantinople, parlant encore des solitaires, il tint à peu près le même langage, et, le soir, Théodose qui avait peut-être assisté à son homélie, sortait de la ville pour aller visiter un ermite, marchant seul, sans escorte à ses côtés, sans diadème au front, afin de n'être pas reconnu. Il entre dans la cellule du solitaire, regarde et ne voit que du pain sec dans une corbeille. L'empereur s'incline pour recevoir sa bénédiction, et demande à partager le repas de l'anachorète. Celui-ci prend de l'eau dans une écuelle, y met deux grains de sel, trempe le pain et en offre. — « Me connaissez-vous, dit l'empereur? — Peu m'importe, répondit-il en souriant, Dieu sait qui vous êtes, la charité me dit que vous êtes mon frère, prenez. — Heureux ermite, vous avez plus de bonheur dans cette grotte solitaire que l'Empereur sur son trône; Théodose lui-même vous le dit en portant envie à votre sort ; il cacherait volontiers sa tête sous le froc, moins lourd à porter que la couronne. » On le comprend à ce langage, l'empereur avait senti la vanité de son faste princier, de ses grandeurs royales, à côté de ce moine, qui, ignorant les choses du siècle, les lois de la politesse et les cérémonies de l'étiquette, recevait, indifféremment assis à terre, les rois chez lui, sans même se déranger. Voyez, il ne sait point, inhabile courtisan, flatter l'amour-propre, aduler l'orgueil et encenser la vanité ; il ignore les majestés humaines, et il rit de nos prétentions comme nous rions de ces petits enfants qui représentent les rois dans leurs jeux.

Eh bien, Mesdames, je vous propose la même promenade, une visite à la Trappe; allez voir nos Religieuses, la Thébaïde est à deux pas de Toulouse; vous pourrez, comme Théodose, partager le repas de l'anachorète, goûter l'eau salée de son écuelle, y tremper votre pain, et la saveur en sera peut-être bonne, meilleure que vous ne pensez. Votre santé n'en souffrira pas, ne craignez rien pour elle, Debreyne vous en répond : ce docteur a trouvé moins de maladies dans le cloître que dans le monde, il a reconnu que la vie en moyenne y est plus longue, et il a dit que « l'apoplexie qui brise la cervelle, les anévrysmes qui crèvent le cœur », l'hydropisie, la gravelle, le scorbut, et tous les maux qui affligent l'espèce humaine, sont rares, inconnus même à la Trappe. Il attribue ce privilége à la vie sobre de la pieuse cénobite, à sa tempérance, à l'abstinence des boissons alcooliques, au régime alimentaire, simple, frugal et salubre. En effet, la Religieuse ordinairement a le teint frais, une belle carnation et le regard serein ; la candeur de son âme se reflète sur ses traits, le front est pur, la peau sans taches et le visage sans rides ; sa beauté rappelle assez celle de la race Gruyérienne, en Suisse, dont un voyageur a découvert le secret dans son alimentation, et je suis tenté de donner la même explication à la fraiche santé de la Sœur Trappistine, d'accord avec Debreyne : « c'est parce qu'elle ne boit jamais de café, vivant de laitage et de légumes pendant toute l'année, et se privant de ces salaisons, de ces épices et de ces liqueurs dont l'usage excessif ne peut que plomber le teint, allonger les traits, et faire vieillir avant le temps. »

Ainsi, Mesdames, allez à la Trappe, votre corps s'y reposera dans la sobriété de toutes choses; mais ce qui surtout y gagnera en vigueur, en énergie, en bien-être, c'est votre moral dont les forces ont besoin d'être remontées quelquefois, comme les rouages de la pendule de saint François de Sales, qui *ne sonnait plus*, disait-il, *les heures de la ferveur*.

La position qui a été faite à la femme dans la société doit avoir bien des gênes, des fatigues et des ennuis ; la civilisation l'a condamnée à la toilette, à la parade et au repos, en lui défendant, à la ville du moins, le naturel, le laisser-aller et l'abandon, ne lui permettant même, pour occuper ses loisirs, que quelques travaux d'aiguille à la broderie : Sara, dans l'opulence, ne prépare plus de ses mains le repas de ses hôtes ; Rébecca ne va plus à la fontaine, une cruche sur la tête ; Rachel ne mène plus les riches troupeaux de son père, et la fille d'Alcinoüs ne va plus laver son linge à la rivière ; ces ouvrages manuels ne sont permis qu'à des servantes, et honni serait peut-être celui qui regretterait ce temps éloigné où les princesses trouvaient l'agréable dans l'utile. Je ne blâmerai donc pas ces mœurs modernes, malgré qu'elles aient fait de nos dames les jouets souffrants de nos jeux ; je ne juge point la comédie sociale, je raconte les lassitudes, les langueurs et les dégoûts qui doivent accompagner une vie où tout est factice, tenue, conversations et promenades.

Le jour vient nécessairement où, saturé de ces fadaises, fatigué de ce rôle, et ennuyé du monde, on sent le besoin, la nécessité de quitter tout cet attirail de la vie officielle, qui gêne comme un corset, ment comme du fard et assourdit comme des compliments.

Le sérieux se peint sur notre front et la réflexion dans nos yeux ; la conversation nous trouve distraits, notre oreille entend sans écouter, notre langue peut à peine répondre, l'indifférence a glacé nos sens ; c'est l'heure, la misanthropie nous gagnerait, il faut battre en retraite.

Le comte de Nugent a dit une parole bien vraie : « Pour vivre dans la solitude, il suffit d'oublier les autres ; mais pour vivre dans le monde, il faut s'oublier soi-même. » En société, il faut penser à tous excepté à soi ; on ne peut négliger personne ; la politesse doit dire un mot à chacun, donner un regard à l'un, accorder un sourire à l'autre, un salut à celui-ci, un éloge à celui-là ; la civilité impose bien des sacrifices, jour-

6.

nellement, à toute heure, trop pour qu'il ne soit pas indispensable de faire parfois trève à cette vie. Quand le marin, désireux d'échapper aux tempêtes de l'Océan, veut arrêter la marche de son vaisseau, fatigué de ramer, il cingle vers le port, où le murmure des vagues ne viendra plus troubler son repos.

Mesdames, j'ai fini, il ne m'appartient pas d'entrer plus avant dans cette question; votre directeur vous dira ce qu'un livre est obligé de taire; mais si celui « qui sonde les reins et les cœurs », si la conscience jamais vous conseille une retraite, je vous répéterai : Allez à la Trappe, vous y trouverez un corps de logis destiné aux retraitantes, une cellule pour vous recevoir, une règle pour vous diriger, des Sœurs pour vous édifier et un P. Trappiste pour vous entendre.

Le monastère de Clairvaux, au 12e siècle, était la merveille du monde, au dire d'Innocent III; la Trappistine est fille de saint Bernard, dont elle suit les Constitutions, sans y avoir rien changé; vous pouvez donc encore voir cette merveille monastique. Allez, Mesdames, allez à la Trappe.

FIN.

TABLE ANALYTIQUE.

	Pages.
Approbation abbatiale.	3
Dédicace, aux Dames de Toulouse.	5
Préface. Aperçu historique sur le monachisme chrétien.	9

Sommaire : Le socialisme et le monachat, Fourier et saint Benoît, utopie et réalité. — l'Orient, berceau de l'institut monastique. — Avant et après Jésus-Christ. — Idée chrétienne du monachisme. — Le moine est la personnification complète des influences que l'incarnation a exercées sur le monde pour le régénérer. — L'*Ecce Homo* du Guide. — Progrès du monachisme, Jérôme à Bethléem, Arsène à Scété, Ammon à Nitrie, Patrice dans son Purgatoire, Benoît au Mont-Cassin, Etienne Harding à Cîteaux. — Décadence, ses causes. — Le moine de Würtemberg, personnification de ces désordres. — La réforme protestante et la réforme catholique ; Catherine de Boren et Thérèse de Jésus. — Episode de la Révolution, tout un couvent qui monte à l'échafaud. — Réhabilitation du moine dans la société moderne. — Les Trappistes à Staouëli (Afrique) et au Kentucky (Amérique) continuant l'œuvre des aïeux. — Objections de la philosophie, tendant à condamner le monachisme, réfutées par l'histoire. — Le moine des premiers siècles, son apologie, par Quinet (Edgar) et par Châteaubriand. — Les moines et les Barbares — Le couvent, arche de Noé à cette époque. — Les rois se font moines. — Ecoles monastiques ; Alcuin et Charlemagne. — Le moine apôtre ; Boniface et l'Allemagne. — L'an mille. — Pierre l'Ermite et les croisades. — Le moine soldat ; les chevaliers. — Apogée du monachisme. — Douzième siècle, saint Bernard. — Treizième siècle, le moine mendie. — Quatorzième siècle, le moine invente. — Quinzième siècle, Savonarole. — Seizième siècle, Luther et Loyola. — Dix-septième siècle, Rancé. — Dix-huitième siècle, de Lestrange. — Dix-neuvième siècle, Ventura et Lacordaire. — Liaison de cette étude à nos Trappistines, le frère et la sœur, Scolastique et saint Benoît, Humbeline et saint Bernard, Mlle de Lestrange et Dom Augustin.

1. Le château de Blagnac.   35

Sommaire : Revue rétrospective. — Coup-d'œil sur les environs de Toulouse. — Position du château de Blagnac. —

Son histoire. — Sa transformation en monastère. — Résultats de ce changement. — Qu'est-ce qu'un couvent? — Avenir de la Trappe.

II. Les Trappistines. 45

Sommaire : Précis historique de la Trappe ; période Bénédictine; période Cistercienne; réforme de Rancé ; Dom Augustin de Lestrange et la Révolution. — Son organisation moderne. — Vie active du Trappiste. — On trouve la religieuse partout où l'on rencontre un moine. — Saint Basile et Macrine, saint Benoît et Scolastique, saint Bernard et Humbeline. — Dom Augustin et Mlle de Lestrange. — Première maison de Trappistines. — Emigration. — Retour. — Notre-Dame de Blagnac. — Croix de saint Benoît — Maximes bibliques gravées sur les murs. — Aiguebelle et les trois gendarmes. — Une Abbesse du douzième siècle. — Vie cénobitique préférable à la vie érémitique.

III. Le Noviciat. 59

Sommaire : On le trouve partout. — Son importance. — Les Abrahams et les Jephtés du moyen-âge. — Un trait de vocation. — Toilette de la Sœur Trappistine. — Symbolisme de son costume. — Vêture. — Les épreuves du Noviciat. — La Princesse de Condé. — Le soldat de Sébastopol.

IV. La profession. 71

Sommaire : Election au scrutin secret. — Similitude de saint-Anselme. — Avantages de la profession. — Lettre d'adieu. — Liturgie cistercienne. — Une cérémonie à la Trappe. — La profession. — Le crucifix de saint Bernard. — L'Epoux des vierges et la Trappistine.

V. La journée d'une Trappistine. 81

Sommaire : Réveil. — Lever. — Prière. — Travail. — Les occupations d'une sœur Trappistine. — Marie ouvrière. — Jésus-Christ apprenti. — Le repas. — Nourriture à la Trappe. — Les lentilles d'Esaü. — Un coup-d'œil au réfectoire. — Elie au désert. — Les gastrolâtres modernes et Debreyne. — La récréation. — Le travail intellectuel et le travail manuel. — Rancé et Mabillon.. — La Sœur Trappistine et la Sœur Bénédictine. — Choristes et Converses. — Chant du *Salve*. — Conversion du P. Ephrem. — Saint Bernard et la statue d'Afflighem. — Retraite.

VI. Les nuits à la Trappe. 99

Sommaire : Les *nuits Attiques*, par Aulu-Gelle. — *Les nuits de Londres*, par Méry — Le dortoir à la Trappe. — Couche de la Trappistine. — La nuit d'après de Maistre. — Les songes. — Les visions du mysticisme catholique. — Le

TABLE 197
Pages.

Christianisme a sanctifié la nuit. — Chants nocturnes de David. — La nuit de Noël. — Les nuits de la Trappe.

VII. Le Chapitre. 109

Sommaire : Salle du Chapitre. — L'école de la mortification; aveux secrets. — L'humilité n'est pas la vertu des esclaves ; ses grandeurs. — Etymologie de Chapitre. — Connu au temps de saint Jérôme. — Confession et proclamation. — Une scène. — La critique et le génie. — Discipline donnée en plein chapitre. — La police et l'ordre public. — Le licteur et le magistrat. — Les disciplines de la Trappistine. — Un chapitre à Cluni, la veille de Noël. — Le sermon du P. Hugues. — Apologie de la vie monastique.

VIII. Le silence. 125

Sommaire : Maxime de Pythagore, l'école italique. — Sentences bibliques. — Tout prêche le silence à la Trappe, même le parloir. — La langue est une épée affilée. — Le salon, champ de bataille qui a ses morts. — *Le Club du silence* à Londres — *L'Académie silencieuse d'Amadan*, scènes ridicules. — Jésus-Christ et le silence. — Scété, Tabenne et Clairvaux. — Les trois circoncisions de saint Bernard — La Trappistine parle-t-elle? — Vocabulaire mimique. — Les avantages du silence dans une maison de femmes.

IX. Une extrême-Onction à la Trappe. 139

Sommaire : Le deux antipodes, la Trappe et la Cour. — Houdar de la Motte et l'abbé de Rancé. — Il est dur de vivre à la Trappe, mais il est bien doux d'y mourir. — Pourquoi? — La vie et la mort — Les cérémonies de l'extrême-onction. — Sainte Madeleine dans une grotte de Provence. — Le lit de cendres. — Derniers moments du Trappiste, d'après Châteaubriand.

X. Le Cimetière. 151

Sommaire: Son origine, son histoire. — Le cadavre et la souillure judaïque. — Jésus-Christ a ennobli la mort. — Les funérailles à la Trappe. — Le glas. — La défunte au chœur, étendue sur un brancard. — Une morte qui prie, d'après Tertullien. — Cérémonie de l'inhumation. — L'antienne de la pitié. — Les lettres de deuil. — Le tricénaire. La promenade au cimetière. — Les enseignements de la mort. — Saint Jean Chrysostôme recommande la visite des tombeaux. — Prière d'une Trappistine agenouillée sur un sépulcre.

XI. Le Cloître. 163

Sommaire : Chaque religion a eu ses moines. — La pénitence pratiquée partout, mais comprise seulement à l'école du

Calvaire. — Idée chrétienne de la pénitence — derviches Turcs. — brahmes Indiens — talapoins Siamois — lamas Thibétains et moines catholiques. — Le boucher et le prêtre, l'abattoir et l'autel. — Ignace et les lions. — Apollonie au milieu des flammes; trait de sainte Pélagie; la noyade et le baptême. — La vie monastique est-elle un suicide? — Le calvaire est le mont des amants, d'après saint François de Sales. — Diverses significations du mot cloître : Bernard, Rancé, Abélard, Amédée et Charles-Quint dans le cloître. — Lettre du P. Hugues à Philippe Ier, roi de France, datée du cloître de Cluni. Le monachat et la royauté. — La ceinture du B. Séraphin d'Ascoli. — Marie d'Agréda et Philippe IV, roi d'Espagne — La lecture spirituelle au cloître. — Le cloître et la salle des aïeux.

XII. La clôture.   179

Sommaire : Lettre de saint Léandre à Florentine sa sœur. — Eloge de la virginité. — La clôture garde le couvent. — Preuve historique. — La clôture plus sévère dans les maisons de femmes. — Décret du concile de Trente. — Raisons qui permettent d'entrer. — Comme se fait l'introduction d'un étranger à la Trappe. — La maison de verre du philosophe. — Dernière réflexion.

Epilogue — Une retraite à la Trappe.   186

Sommaire : Les fatigues du salon et le repos de la cellule. — La Trappistine d'un jour — Saint Chrysostôme et les matrones de l'empire. — Esquisse de la Thébaïde. — La promenade de Théodose. — Le repas de l'anachorète. — La Thébaïde à une heure de Toulouse. — Fraîche santé de la Religieuse. — La pendule de Saint François de Sales. — Fausse position faite à la femme dans la société moderne. — Une pensée du comte de Nugent. — Allez à la Trappe.

Toulouse, Imp. Troyes Ouvriers Réunis.

www.ingramcontent.com/pod-product-compliance
Lightning Source LLC
Chambersburg PA
CBHW061303110426
42742CB00012BA/2031